Adivinhar o mundo

Giulio Busi

Adivinhar o mundo

As cem portas do destino

Tradução
Silvia Massimini Felix

editora unesp

Título original: *Indovinare il mondo: Le cento porte del destino*

Fundação Editora da Unesp (FEU)
Praça da Sé, 108
01001-900 – São Paulo – SP
Tel.: (0xx11) 3242-7171
Fax: (0xx11) 3242-7172
www.editoraunesp.com.br
www.livrariaunesp.com.br
atendimento.editora@unesp.br

Dados Internacionais de Catalogação na Publicação (CIP) de acordo com ISBD
Elaborado por Vagner Rodolfo da Silva – CRB-8/9410

B979a

Busi, Giulio

Adivinhar o mundo: as cem portas do destino / Giulio Busi; traduzido por Silvia Massimini Felix. – São Paulo: Editora Unesp, 2025.

Tradução de: *Indovinare il mondo: Le cento porte del destino*
ISBN: 978-65-5711-303-5

1. História. 2. Ensaio. 3. História social. 4. Antiguidade. 5. Misticismo. 6. Religião. 7. Estudos culturais. 8. Cabala. 9. Islamismo. 10. Hinduísmo. 11. Folclore. 12. Magia. 13. Tradições populares. 14. Crítica. I. Felix, Silvia Massimini. II. Título.

2025-3581 CDD 900
CDU 94

Editora afiliada:

Asociación de Editoriales Universitarias de América Latina y el Caribe

Associação Brasileira de Editoras Universitárias

para Patrizia,
em seus olhos vemos neve,
você vê luz

Sumário

A DEUSA

O rei Egeu, imponente, barbudo, não está acostumado a esperar. Mas a deusa Têmis, perfeita em seu perfil, distante, inalcançável, não dirige ao soberano nem mesmo um olhar.

Seus olhos, sua mente, estão voltados para a bacia fatal. E, além da bacia, para o futuro. O destino que o rei espera e deseja, Têmis vê, sente. Olhe para ela, essa cartomante atemporal, senhora do tempo. Por mais de dois milênios se recolhe em silêncio e ainda não se cansou de examinar os sinais que só para ela parecem peremptórios, certos, fatais.

Onde está a deusa? De que ângulo do cosmos ela tem um vislumbre daquilo que ainda não ocorreu? Que língua falam os eventos que nenhum mortal foi capaz de atravessar?

A cena é retratada em um vaso do século V a.C., encontrado em Vulci, na Maremma do Lácio, e hoje conservado em Berlim.[1] Se não fosse pelo nome dos dois protagonistas, escritos em letras claras, seria difícil adivinhar que aquela refinada figura feminina não pertence a uma profetisa em carne e osso. A própria deusa se preocupou em dar uma resposta ao rei, que chegou ao santuário de Delfos com o cajado e os calçados de viajante. Já conhecíamos a história pela *Medeia* de Eurípides.[2] Egeu, um soberano tão

---

1 Berlim, Antikensammlung, inv. nr. F2538; a decoração é atribuída ao pintor de Kodros, c. 440-410 a.e.v. da J. D. Beazley, *Attische Vasenmaler des rotfigurigen Stils*, Tübingen, 1925, nr. 425.2; Id., *Attic Red-Figure Vase-Painters*, 2.ed., Oxford, 1963, nr. 1269.5, 1689; A. Furtwangler e K. Reichhold, *Griechische Vasenmalerei*, Munique, 1904-1932, fig. 140 (A, B, I).

2 Eurípides, *Medea*, vv. 658-683, in Ésquilo, Sófocles, Eurípides, *Tutte le tragedie. Testo greco a fronte*, org. de A. Tonelli, Milano, 2013, p.1510-1: "EGEU – Salve a ti, Medeia!/ É assim que se deve saudar os amigos logo ao encontrá-los./ MEDEIA – Salve também a ti, Egeu, filho do sábio Pandíon! De onde VENS?/ EGEU – Do antigo oráculo de Apolo./ MEDEIA – O que te levou ao umbigo profético da terra?/ EGEU – Queria saber o que devo fazer para ter filhos./ MEDEIA – Pelos deuses! Ainda não os tiveste?/ EGEU – Não, essa é a sorte que o deus me reservou./ MEDEIA – Tens esposa ou nunca conheceste o leito nupcial?/ EGEU – Conheço o vínculo do leito nupcial./ MEDEIA – E o que te disse Apolo, a respeito dos filhos?/ EGEU – Palavras demasiadamente sábias para que um mortal possa entendê-las./ MEDEIA – Posso conhecer a resposta do deus?/ EGEU – Certamente: é preciso mesmo uma mente sábia./ MEDEIA – O que foi que vaticinou? Diz-me, se me é lícito ouvir./ EGEU – Que eu não desamarre o pé que sobressai do odre antes.../ MEDEIA – Antes de fazer o quê? Ou antes de chegar a qual terra?/ EGEU – ... antes de ter voltado ao lar paterno./ MEDEIA – E com que intenção embarcaste para vir aqui?/ EGEU – Há um tal de Piteu, soberano de Trezena./ MEDEIA – Filho, dizem, de Pélope, e muito piedoso com os deuses./ EGEU – Quero lhe comunicar a resposta divina./ MEDEIA – É um homem sábio, e entende dessas coisas./ EGEU – E é também o mais querido dos meus hóspedes./ MEDEIA – Boa sorte! E que teu desejo se realize".

nobre e poderoso como todos que há, está angustiado. Ele não pode ter filhos. Por quê? E como remediar isso? A viagem para Delfos, onde os deuses revelam o destino dos mortais, parece-lhe curta, tamanha é a ansiedade que o invade. O pintor do vaso mostra o momento crucial do oráculo. Tudo está suspenso, cada olhar, cada respiração depende dos olhos de Têmis. São os reflexos da água que absorvem toda a sua atenção? Ou talvez a deusa tenha jogado algumas pedras na bacia e esteja contemplando o resultado, antes de dar sua resposta? Por Eurípides ficamos sabendo que Egeu sairá de Delfos confuso, com uma profecia que ele não consegue interpretar. Mas estamos interessados no momento de suspensão, o instante eterno e inexplicável em que a deusa não está aqui.

A deusa Têmis, com seu mistério milenar, nos apresenta o mundo arcaico da adivinhação. Esse universo feito de presságios, perguntas, intuições e decepções é realmente tão antigo? Nós o mantemos afastado, trancado no armário da história, ou ele ainda pode nos dizer algo, nos lançar um desafio, despertar um arrepio de desconforto? Para falar de videntes e adivinhos, sem censura e sem desculpas, escolhi o caminho da narrativa. Da deusa Têmis a Narciso, da periferia de Bucareste aos porões de Milão. E também um parquinho no Piemonte, o Israel antigo e contemporâneo, uma propriedade rural da Costa Rica, o anel viário da Catânia. São os marcos – ocasionais, exemplares, irrepetíveis – de breves e intensos encontros com o inexplicável. É uma viagem entre mito, narração e vida cotidiana, tecido com recordações de amigos, confissões de escritores, visões, colagens emocionais.

São verdadeiras "sessões" divinatórias, ou simples premonições, que vou enfileirando de acordo com a aleatoriedade das leituras e o capricho dos eventos. E da minha curiosidade. Uma curiosidade que sei que é partilhada por muitos, viva, assídua. Basta tocar no assunto, lançar uma pergunta, solicitar uma lembrança, e cada um de nós tem algo a dizer e contar. "Sabe, aconteceu comigo também..." Depois dessa frase, um pouco balbuciada, uma caixa de Pandora se abre, colorida, surpreendente. Dependendo da personalidade do interlocutor, vem à tona uma experiência vívida ou assustadora, aceita com entusiasmo ou rejeitada com ceticismo. São momentos únicos, retraçados na memória, em que o devir se detém, funde-se, molda-se, na intimidade entre quem pede para saber e quem sabe, ou finge ver para além das aparências.

Além dos casos relembrados por outros, ou das páginas lidas e relidas, conto um pouco da minha experiência pessoal. Ou talvez, seria melhor dizer, alguns experimentos, sem pretender ser completos. Não porque isso possa convencer alguém da veracidade ou confiabilidade de qualquer forma de adivinhação. Não é uma questão de verdade ou superstição aqui. O que importa é *como*. Lembrem-se de Têmis. Onde está a deusa, realmente? Em que mundo ela fixa seu olhar, a quem pertence sua ausência? Por qual porta saem da "realidade" as pessoas – normais, anormais, possuídas, confusas, lúcidas – que povoam o fatídico "sabe, aconteceu comigo também"? Para onde elas foram deslocadas, e como? Existe uma abertura oculta para o devir? Abre-se sempre de forma semelhante, ou gira em dobradiças diferentes, dependendo do momento, da situação, do nosso ser individual?

Nem é preciso dizer que o tema é escorregadio, tortuoso, traiçoeiro. O mundo está cheio de charlatães e, a cada profecia acertada, pode-se encontrar milhares que são em vão, que enganam, prejudicam aqueles que acreditam nelas. Os textos sumérios do terceiro milênio a.C.[3] já alertam contra falsos presságios. Mas essa única profecia que se torna realidade pode nos revelar uma dimensão insondável da alma humana? Ou é fruto do acaso, uma exceção insignificante, que confirma a regra da racionalidade fria e da inescrutabilidade do nosso destino?

Junto com as histórias e encontros, portanto, nas páginas que se seguem, há uma reflexão sobre os mecanismos simbólicos da adivinhação, sobre seus métodos, sobre estados de consciência. Passaremos pelo *Grande Teatro da Alma*, pelos labirintos dos sonhos e pelas antecipações fragmentárias e desorientadoras de uma vida ainda escondida, distante, nem mesmo nascida. Vamos nos deixar então envolver pela *Hora Escura*, quando os contornos das coisas se dissolvem, os limites do significado se debatem e, precisamente por isso, a visão interior se aguça ao extremo. A terceira etapa será a da *refração divinatória*, com o jogo incessante das metamorfoses, dos mal-entendidos e das sobreposições que povoam a experiência divinatória. A meta? *As cem portas do destino*, este é o nome da conclusão do volume: onde encontrá-las, essas entradas, como atravessá-las?

---

3 Cf. M. Worthington, *Ea's Duplicity in the Gilgamesh Flood Story*, Londres-Nova York, 2020, p.308-10, 387-92.

"Adivinhar" é, ao mesmo tempo, mais e menos do que racionalmente "compreender". Podemos entender uma lição, em uma sala de aula universitária ou na vida, tê-la em mente, repeti-la, transmiti-la. Alguns de nós, às vezes, podem "adivinhar" nosso próprio destino ou o dos outros, apresentá-lo, vê-lo como em uma névoa. *Videmus nunc per speculum in aenigmate*, "pois no presente vemos como através de um espelho, de maneira confusa", diz o apóstolo Paulo.[4] É o olhar, incerto mas penetrante, com o qual perscrutamos o futuro que nos espera, ou de repente descobrimos o passado desconhecido que pesa sobre nosso destino. A deusa Têmis é paciente. Tem toda a eternidade à sua disposição para nos ajudar a compreender seu segredo. Somos nós que temos pressa. O futuro está próximo, muito próximo. Na verdade, o futuro já está quase exaurido. Se ao menos pudéssemos revelá-lo, encontrá-lo em algum lugar. Partimos imediatamente, para esse lugar inalcançável – borrado, perigoso, atraente. Vamos encontrá-lo, rapidamente, custe o que custar. Adivinhemos o mundo, enquanto temos tempo para fazê-lo e palavras para dizê-lo.

---

4 1Cor 13, 12; *blepomen gar arti di'esoptrou em ainigmati*, no original grego.

O Grande Teatro da Alma

Há um tesoureiro diligente nas profundezas da minha alma. Ele está sempre trabalhando, sem se permitir um minuto de descanso. Armazena cuidadosamente as coisas vistas, ouvidas, tocadas. Ele as ordena, embora eu não saiba bem como, para que possam ser recuperadas, revistas, reutilizadas. O tesoureiro é muito zeloso das suas prerrogativas. Onde ele coloca as peças individuais é problema dele, é seu segredo profissional, e ai de você se lhe fizer muitas perguntas. Às vezes, as recordações mal ressurgem. São confusas, emaranhadas, sem sentido. Tenho a impressão de que o tesoureiro gosta de me provocar. Encontro uma pessoa, tenho certeza de que já a vi, vasculho minha cabeça para encontrar seu nome. Nada, não há como me lembrar qual é o nome dela. Muito menos o nome da sua esposa, escuridão total. Assim que a pessoa se vai, a lembrança salta sozinha. Roberto, Alessio, Riccardo, ou sabe-se lá quem – por que não pensei nisso antes? Ele, o tesoureiro inconveniente, com certeza está rindo pelas minhas costas. Se ao menos só o passado é que me desse problemas. As provocações que mais me deixam nervoso são as relacionadas com o futuro. No momento mais bonito, uma rajada de vento abre certa porta e, sonhadoramente, vejo algo, sinto o cheiro de um perfume, toco uma superfície. Eu já a vi, respirei, toquei? Não, tenho certeza de que não. Ainda não experimentei essa sensação. No entanto, pertence a mim, disso tenho uma certeza profunda, intuitiva e indelével. Aqui vamos nós de novo. O tesoureiro gosta de bagunçar a ordem pela qual ele também é maníaco. Foi ele quem pôs meus sentimentos fora do lugar. É culpa das suas trapaças, se eu tenho a impressão de que estou vivendo agora o que ainda está para acontecer comigo.

Talvez nosso conflito decorra de um mal-entendido. Penso que ele é um tesoureiro e, em vez disso, ele é um *trovarobe*.* Procura os figurinos e adereços para a cena. Ele também trabalha para o Grande Teatro da Alma, na verdade é um de seus componentes indispensáveis. Sua tarefa? Fornecer tudo que se precisa para tornar a performance animada, evocativa e inesquecível. Não importa de onde vêm os adereços e figurinos. Basta que ele os *encontre*, que funcionem, que cada detalhe seja cuidado. Longe de ser um atendente, ele é um grande artista, capaz de trazer à

---

* *Trovarobe* é uma palavra italiana que significa literalmente "acha-coisas", mas tem um sentido muito específico no mundo do cinema, teatro e televisão: é o profissional encarregado de encontrar, selecionar, alugar ou comprar objetos de cena usados em produções teatrais, cinematográficas ou televisivas. (N. T.)

tona objetos nunca antes vistos. Espero que ele me revele na ponta dos dedos nomes e circunstâncias, mas ele, o *trovarobe* incomparável, tem uma tarefa muito mais importante. O Grande Teatro da Alma está sempre aberto e os atores não podem ficar sem fantasia, com o palco vazio. O que é necessário ainda não está em cena? O *trovarobe* está ocupado, correndo de um lado para o outro, pega o que pode, vasculha todos os cantos. Passado, futuro, presente, que diferença isso faz? Rápido, o espetáculo vai começar!

O Grande Teatro da Alma está lotado de figurantes diáfanos. Está repleto de atores sem idade, que recitam por um momento e imediatamente desaparecem furtivos, como culpados em fuga.

Em algum lugar da minha mente, muito além do limiar da consciência, há um palco sempre montado. É o que me aparece durante os sonhos, com cenas emprestadas de onde quer que seja. Fragmentos do passado, tiras do futuro, dores esquecidas, prazeres que me esperam. O *depois* que se transforma no *antes* e o *antes* que dá uma cambalhota no *depois*. O autor da comédia brinca com os duplos sentidos, ele gosta de surpreender, zombar, assustar, lisonjear. É um escritor experiente, sempre exagerado. São meus casos, muito particulares, que ficam em exibição. O escritor sou eu. O público? Eu de novo. O passado é meu. E o futuro também é meu, revisado, distorcido, despedaçado, quase irreconhecível.

Enquanto sonho, ninguém tem acesso ao meu eu interior, ou assim acredito. O único espectador dos meus sonhos sou eu. Na primeira fila, aprecio os frutos do meu trabalho como autor. Eu me aplaudo, fico agitado, me arrependo, sinto prazer. Toda uma companhia de profissionais está aqui para mim e não tem outro propósito senão me entreter. Mesmo agora, enquanto estou acordado e vivendo minha vida "normal", o teatro está em plena atividade. Estão ensaiando para a próxima apresentação, preparando-se para uma nova noite de apresentações. Por esse motivo, pelo menos uma porta permanece sempre aberta. Um pouco para permitir o vaivém dos profissionais, e também para que eu mesmo possa dar um pulo na plateia, assim que tiver um minuto livre. Basta que eu esteja distraído, me perca um pouco em pensamentos, sonhe de olhos abertos, e pronto: deslizo para meu lugar, sento-me diante do palco, emudecido, admirado, cheio de nostalgia.

Imaginem que alguém passe diante do Grande Teatro da Alma, veja a porta aberta e entre sem muitas cerimônias. É preciso que seja ágil, astuto, treinado. Sensível, ou sensitivo, como alguns diriam. O intruso fica um pouco afastado, mas não perde uma única fala. Admira a comédia do que fui e do que serei, se identifica com minhas ações passadas e com o turbilhão de percepções que virão. Com os encontros que terei, os terrores que me visitarão, os prazeres nos quais mergulharei. Tudo de cabeça para baixo, naturalmente, disfarçado de alegorias, incrustado de símbolos. Lembrem-se de que o autor do libreto é um grande sábio e um brincalhão ainda maior. Por isso, o intruso não tem escolha: deve se identificar com o estilo rebuscado da minha alma. Se ele vê, como eu vejo nos meus sonhos, trechos ainda por viver, ele os vê espelhados, deformados, virados de cabeça para baixo. Nasce-se espectador atento. O intruso, se for talentoso, sairá do Grande Teatro com impressões tenazes, passagens de uma história, da minha história muito pessoal, que eu mesmo – aqui hoje, agora, como pessoa consciente – não conheço, ainda não experimentei.

Minha vivência, a trama das minhas percepções, se funde em episódios alusivos, inesperados, cheios de inquietação. É como se houvesse dois grandes baús de figurinos e acessórios teatrais, ambos sob a jurisdição do hábil e ousado *trovarobe* que acabo de apresentar a vocês. De um lado, as impressões recolhidas durante a vigília; do outro, os disfarces utilizados para a representação onírica. O *trovarobe* – vamos chamá-lo, para facilitar, de inconsciente – busca em ambos os baús. Apenas um não bastaria para sustentar sua arte. Em cada momento, mesmo quando estou perdido no labirinto dos sonhos, sei que esse turbilhão de experiências e percepções diz respeito a mim e a ninguém mais. É o *principium individuationis,* sobre o qual tanto se debruçaram os filósofos escolásticos. Pouco importa se estou sonhando ou desperto. Basta que eu saiba que tudo isso me pertence, que a sucessão incessante de sonho e vigília, de *rêverie* e de lúcida sensatez, constitui meu relato, privado e exclusivo.

Descrevi um teatro interior, onde entra em cena a precognição. Percebi que, para montar o espetáculo, não basta o libretista, nem mesmo os atores são suficientes. É necessário também o *trovarobe,* curvado sobre cestas misteriosas, cheias de objetos coloridos, indispensáveis, intangíveis.

Investigando, refletindo, discutindo, parece que encontrei uma pista importante. Cada um de nós carrega dentro de si todo o patrimônio de suas experiências sensoriais e das marcas que essas experiências deixam na mente, na consciência e no inconsciente.

Que isso seja verdade para o passado, podemos admitir sem hesitação. O que fomos, as paisagens que vimos, as mãos que apertamos, os corpos cujo cheiro respiramos – cada detalhe está encerrado no segredo do nosso eu. Onde exatamente, não saberíamos dizer. É como uma caça ao tesouro. Encontramos algumas coisas bem rápido; grande parte, porém, desse imenso fluxo de informações está adormecida, quase irremediavelmente soterrada. De repente, quando menos esperamos, uma memória vívida surge de um lugar desconhecido e bate à porta da nossa consciência. Nós a reconhecemos de imediato e a acolhemos com emoção, como se fosse um conhecido que não víamos há anos. Ou, ao contrário, a afastamos, embaraçados. As lembranças podem ser hóspedes incômodos, a serem expulsos o mais rápido possível, devolvidos à obscuridade de onde vieram. A cada instante de nossa vida, o fluxo do vivido corre, engrossa, cria redemoinhos de atenção e esquecimento. No nosso último instante, esse rio desembocará em um grande e indistinto esquecimento, como que congelado na rigidez do fim. Silenciam-se os sons, imobiliza-se a superfície da consciência. Nem a menor oscilação vital. Daquele ponto em diante, caberá a outros pisar o palco do existir, a novos "eus", sob céus que jamais poderão nos pertencer. Até esse ômega, nosso eu tem o direito de se mover, de colonizar a realidade, de experimentar. A cada instante, transitamos entre o presente e o futuro. Projetamos, prevemos, nos lançamos adiante. O devir é nosso ofício, e não poderíamos viver sem o reflexo de todos os futuros possíveis.

Sei que o próximo passo é mais sutil e muito mais incerto. Uma coisa é conviver com a dimensão interior do passado. Outra, bem diferente, é aceitar que dentro de nós também exista um lugar onde o futuro está armazenado. Imaginemos que chegamos ao ômega, que olhamos para trás e assistimos, em um instante fugaz, a todo o relato da nossa vida. Uma ideia antiga, com milênios de idade, pode nos ajudar. A lei da proporcionalidade entre macro e microcosmo é uma intuição persistente, que atravessa as mais diversas culturas e nos ensina como as harmonias do corpo e da mente imitam a estrutura dos céus, o equilíbrio que rege todo o universo. Hoje sabemos, pois a ciência nos diz, que no grande cosmo os acontecimentos passados e futuros podem se fundir, se sobrepor, se dissolver uns nos outros. "A diferença entre passado e futuro – entre causa e efeito, entre memória e esperança, entre remorso e intenção – não existe nas leis fundamentais que descrevem os mecanismos do mundo." São palavras de Carlo Rovelli, em um de seus preciosos livros, *A ordem do tempo*.[1] Não é meu ofício lidar com fórmulas e cálculos matemáticos. Por hábito e por vocação, me ocupo de símbolos, palavras, do sedimento das eras passadas. Mas essa conexão com as reflexões científicas contemporâneas me parece esclarecedora. Não porque eu consiga resolver, em poucas palavras, o enigma do entrelaçamento dos tempos uns nos outros. Pelo contrário, recorro à antiga metáfora da lâmpada: quanto mais alto se ergue a luz da mente, maior a escuridão que percebemos ao nosso redor, mais limitada nos parece nossa esfera de visão. Cito novamente Rovelli:

1 C. Rovelli, *L'ordine del tempo*, Milão, 2017, p.27-8.

> A diferença entre passado e futuro refere-se à nossa visão desfocada do mundo. É uma conclusão surpreendente: será possível que essa minha sensação tão vívida, elementar, existencial – o fluir do tempo – dependa do fato de que não percebo o mundo em seus mínimos detalhes?[2]

"Não percebo o mundo em seus mínimos detalhes", diz o historiador da ciência. Mas o que aconteceria se eu conseguisse contemplar o detalhe verdadeiramente mínimo? Uma intuição assim, do infinitamente instável, não é talvez o tema, a aposta do ato divinatório? O que há de mais fugidio, de mais efêmero do que uma premonição? O que há de mais imaterial do que os círculos que o futuro desenha na minha alma? O microcosmo da mente parece se comportar exatamente como o imenso universo. Indiferente à distinção entre passado e futuro, minha interioridade segue um fio próprio, desvinculado do aqui e do agora. Nem sempre, não conscientemente, por um acaso que me atordoa, intuo fragmentos de vida que viverei. "Em seus mínimos detalhes", o mundo flutua no palco do Grande Teatro da Alma.

Penso por um instante no pobre intruso. Quem o fez se meter em uma comédia montada por um estranho, ciumento e egocêntrico? Ele corre o risco de descobrir fatos constrangedores e se envolver em questões que não lhe dizem respeito. Se entrou em uma enrascada dessas, é porque esse é o único modo de dilatar o tempo, de estudar o devir em seus mínimos detalhes. O que o

---

2 Ibid., p.36.

vidente enxerga é o reflexo – fugaz, incompleto, enigmático – de outro traçado existencial. Nos momentos de premonição, relampejam diante de mim fragmentos fulminantes do futuro. Não é um futuro abstrato, universal. É o *meu* futuro, alinhavado com percepções que me pertencem, costurado com o fio inconfundível do meu eu. Um futuro em primeira pessoa, que orbita ao meu redor, que um dia percorrerei, como um navio cuja rota já está traçada. Essa mesma rota, o balanço do casco, o vaivém das minhas impressões sensoriais, é a trilha que também aparece ao intruso, ao vidente, ao adivinho. São impressões táteis, olfativas, visuais, que desencadeiam a intuição do que está por vir. Podemos percebê-las nós mesmos, essas pistas. Ou podem se revelar a outros, que estejam em contato conosco. Penso que o vidente, de algum modo, deve ter acesso a essa esfera perceptiva, que seja capaz de captar, com uma sensibilidade particularmente aguçada, a aura sensorial que emana do adivinhado. Antes, usei a imagem da porta, que conduz ao palco interior das nossas sensações/premonições, e que às vezes permanece entreaberta, acessível ao exterior. Aqui, falar sobre traços sensoriais é outra maneira de aludir ao mesmo fenômeno. Isto é, à necessidade de captar pistas, ressonâncias, indícios que *abram* um nível adicional de consciência e permitam a precognição. Aliás, o caminho da trilha é reversível, assim como uma porta pode ser atravessada em ambas as direções, de entrada e de saída.

Existe uma multidimensionalidade do pensamento, que possuímos intuitivamente, mas sobre a qual raramente refletimos. As imagens visualizadas na precognição têm uma extensão tangível, uma presença cujos limites e proporções percebemos com clareza.

Essa é mais uma página a acrescentar ao nosso dossiê. Podemos chamá-la de "a folha das medidas". O evento divinatório vive de uma dupla dimensão. Por um lado, a matéria precisa se dissolver, tornar-se evanescente, até quase se anular. Mas a essa impalpabilidade, sobre a qual falarei amplamente na parte dedicada à Hora Escura, deve corresponder um acréscimo, um excedente de percepção mental. Os reflexos no espelho são apenas uma tela, uma proteção. Levantado o véu das aparências, além da fumaça e das sombras, a precognição se torna vívida, colorida, sólida. Falei de atores diáfanos que atuam no palco interior. Mas isso é só meia-verdade. Os extraordinários saltimbancos da nossa alma conseguem fazer milagres, mesmo sem ter um corpo de carne e osso. São pálidos, sim, mas de uma palidez de pó branco, como os farsantes da *commedia dell'arte*. Pensem em Pierrô, cujo rosto é esbranquiçado como farinha e, ainda assim, é perfeitamente compreendido. Consegue emocionar e comover o espectador com uma graça inigualável. Da mesma forma, nossas premonições, embora imateriais, são cambiantes, verossímeis, palpáveis. A "folha das medidas" mentais não se expressa em metros, centímetros, capacidades de volume. A lápis, ao lado das imagens adivinhadas, estão escritos números diferentes, mais precisos, mais sutis. São cifras emocionais, pressentimentos de alturas e profundidades tocáveis apenas em visão. Não seria possível ter presságio do futuro sem o auxílio dessa sensorialidade expandida, transposta, multiplicada.

Se conversarem com alguém que tem o dom, ocasional ou prolongado, de ver fragmentos do futuro, encontrarão uma confissão recorrente. A clarividência "em estado de vigília" quase sempre se volta para o outro. É muito raro que um vidente veja, desperto, reflexos de seu próprio futuro. Nos muitos relatos que recolhi, fala-se quase sempre de sonhos premonitórios sobre si mesmo ou de previsões, em estado de vigília, "em relação" a alguém. Vidente e vaticinado formam uma comunhão, temporária mas indispensável, e o futuro que se revela ao primeiro é o que está reservado ao segundo. É um futuro sonhável, no sentido de que carrega os traços do simbolismo onírico e está sujeito aos deslocamentos semânticos e transposições típicas dos sonhos. Sobre esses desvios, sobre os deslizamentos de sentido e sobre as previsões "erradas", discuto mais adiante, na parte sobre a Refração adivinhatória. Já anunciei isto nas primeiras páginas do livro, quando estávamos frente a frente com a deusa Têmis: esta é uma coleção de histórias, em que o mistério da adivinhação é explorado por meio de vozes que narram, se questionam, se surpreendem, duvidam e temem. As narrativas, embora fluidas e espontâneas, buscam uma ordem, um vínculo, um princípio que as una e as organize. É uma pretensão ambiciosa demais? Seria possível escrever uma gramática da adivinhação? Existirá um dramaturgo sábio o suficiente – ou louco o bastante – para tentar explicar regras e artifícios do Grande Teatro da Alma? Quem já conhece a resposta e não acredita em gramáticas pode pular o próximo capítulo sem hesitação. Para todos os outros, segue um brevíssimo código de etiqueta divinatória, a ser usado com parcimônia, discernimento e uma moderada premonição.

Gramática simbólica da adivinhação

Pedante, metódico, arrogante na medida certa. O que mais poderia ser um gramático? Esperamos que ele se expresse com propriedade e nos diga clara e diretamente como devemos lidar com palavras, verbos, preposições e orações subordinadas. Normas, regras a seguir, proibições e conselhos de bom estilo, é isso que queremos dele, e, em troca, estamos dispostos a suportar tudo ou quase tudo, inclusive a pretensão. Admite-se que uma língua, por mais obscura, rebuscada e rara que seja, ainda assim serve para comunicar. Mas uma gramática feita de sonhos evanescentes, de premonições vagas, de adivinhações ambíguas, que esperança pode ter de se impor, de convencer? Quem poderá demonstrar que tal gramática é, além de popular, também verdadeira, certeira, confiável? Além do mais, a cultura do último século está repleta de manuais do inconsciente. Não que se tenha escrito pouco sobre adivinhação no passado, mas, desde a grande revolução freudiana, o irracional tornou-se um dos domínios mais explorados, de todos os modos, com e sem critério, daquilo que antigamente e com uma ingenuidade aproximada se chamava *psyché*, ou seja, em grego, a alma como sopro vital, aquilo que move, alimenta e sustenta a vida de todos nós, humana e animalmente mortais.

O honesto gramático começará explicando o que não pode, e nem sequer deseja, fazer. No meu caso, não quero nem posso buscar, além das regras, um grande significado final. Não pretendo me lançar em uma explicação dos motivos da adivinhação. Há excelentes introduções ao uso histórico e político da previsão do futuro, que esclarecem as instrumentalizações, os abusos e os equívocos de práticas tão antigas quanto a própria humanidade – ou quase – e fatalmente propensas a serem usadas como armas de dominação e poder. Também não desejo procurar um *sistema* do inconsciente. Legiões de psicólogos e psiquiatras já tentaram fazê-lo, com resultados variados, vitais e traiçoeiros como as ondas do mar. Eu não seria capaz de igualá-los. E nem acredito que valeria a pena. Este volume parte de uma premissa diferente. Sei bem – e foi algo repetido por aqueles poucos, queridos e perspicazes amigos com quem compartilhei a construção destas páginas – que, depois de ler o título e talvez algumas páginas, muitos terão uma sensação de déjà-vu. "Ah, mas Freud está cheio dessas coisas." Ou então: "Ah, sim, interessante, você leu *A sincronicidade*, de Jung?". É por isso que, para preservar minha honra gramatical, confesso ter lido os dois grandes mestres – e também uma multidão de menores. E, depois de tê-los lido, resolvi provisoriamente deixá-los de lado. Correndo o risco de simplificar demais, o que proponho não é um livro de tese. Não estou em busca de pulsões, repressões ou arquétipos que me sirvam de apoio no misterioso mundo da premonição. Pode parecer estranho dizer isso, considerando o território em que estamos nos aventurando, mas este é um arquivo de percepções deslocadas, sim, mas aguçadas e concretas; de encontros sonhados e, ainda assim, reais; de visões que se transformam em fatos. Mesmo quando derivam de textos literários, os exemplos que utilizo desdobram aspectos simbólicos exemplares, colocando diante de nossos olhos o próprio processo da premonição, suas contradições, os jogos entre realidades temporais que dançam, se entrelaçam e se repelem. As premonições aqui reunidas não são geradas por arquétipos inconscientes, por mais grandiosos, difusos e enigmáticos que sejam. Elas emergem da sensorialidade e a ela retornam, mas percorrem caminhos oblíquos, sem respeitar precedências. Para traçar um limite entre esta minha gramática da adivinhação e outros experimentos, mais ilustres, quero citar um trecho de Carl Gustav Jung:

> As potências atuantes (numinosas) do inconsciente são os "arquétipos". A imensa maioria dos fenômenos espontâneos de sincronicidade que tive a oportunidade de observar e analisar deixava entrever sem dificuldade sua relação direta com um arquétipo. O arquétipo representa, por si só, um fator intangível, psicoide, do inconsciente coletivo [...] O inconsciente coletivo não pode ser localizado, pois

> pode ser encontrado em cada indivíduo e, em princípio, em sua totalidade, ou é idêntico em toda parte e rastreável em qualquer lugar.[1]

Esse *não é* o caminho que pretendo seguir. Os destinos que se cruzam nas páginas deste livro são sempre específicos, determinados, reconhecíveis. E mesmo as regras simbólicas gerais, que me parecem detectáveis na adivinhação, não são nem "impalpáveis", como em Jung, nem "psicoides". Elas se assemelham mais aos segredos de um bom artesão ou de um pintor de boa escola, que sabe como preparar as cores, como aplicá-las, como fixá-las. Sabe escolher a luz e representá-la da melhor forma possível, com os instrumentos de que dispõe. Admiro Jung por esse "sem dificuldade" com que vislumbra os arquétipos. Meu pintor-adivinho, por outro lado, enfrenta muitas dificuldades, e é justamente nisso – na capacidade de lidar com os obstáculos e incorporá-los ao próprio ofício – que reside seu desafio. A única regra que é *sempre* violada neste livro é a *consecutio temporum*, aquela bela, antiga e sólida norma das versões em aulas de latim e grego. Aqui, são os tempos que são virados de ponta-cabeça, não a *psyché*, que funciona como pode e como sabe. Ou seja, de forma livre, jubilosa, luminosa, obscura, irreverente, desobediente aos propósitos que gostaríamos de impor a ela. Assim como o gramático dita preceitos para o *uso* da língua, *Adivinhar o mundo* é um projeto contextualizado. Operacional, concreto, realista. Os tempos,

---

1 C. G. Jung, *La sincronicità*, trad. de S. Daniele, in Id., *L'analisi dei sogni, Gli archetipi dell'inconscio collettivo, La Sincronicità*, Turim, 2011, p.243 (ed. org. in C. G. Jung e W. Pauli, *Naturerklärung und Psyche*, Zurique, 1952).

esses sim, estão desordenados. Ficamos sabendo *antes* daquilo que ainda não vivemos. Descobrimos *depois* o que já sofremos. Todo o resto, porém, possui uma verdade absolutamente própria. Verdadeiras as premonições, reais os medos, minuciosos os pressentimentos. Vocês sabem qual é o pesadelo recorrente de todo gramático? Encontrar-se, certa manhã, em um canteiro de obras, em meio a um vaivém incessante de operários, ocupados em seus inúmeros ofícios. E, com horror, perceber que caiu na construção da Torre de Babel, sob um deserto escaldante, onde ninguém mais compreende ninguém, porque o bom Deus se enfureceu e misturou, *per omnia saecula saeculorum*, línguas, falas, gramáticas, sintaxes, fonemas, lexemas, sílabas e silabários, para que os homens expiem sua arrogância e aprendam a temê-lo. O pobre gramático corre de um lado para o outro do canteiro com seu inútil fascículo de regras, redigidas com tanta precisão; brandindo-o como uma arma, agitando-o de forma ameaçadora para tentar acalmar a caótica confusão de palavras jogadas ao acaso. Mas nem mesmo ele entende mais coisa alguma, até que desperta, suando frio, e percebe que tudo *não passava* de um sonho.

Superado o medo da Torre, tentemos resumir os fundamentos gramaticais do ofício dos adivinhos do mundo.

Antes de tudo, o gramático recolhe, organiza, cataloga, acumula, registra. No jargão filológico, ele constrói um *corpus*, que servirá de base para suas reflexões. O primeiro *corpus*, uma fenomenologia da premonição, encontra-se nesta parte, o cerne narrativo da empreitada. *O Grande Teatro da Alma* acaba de abrir suas portas. Acomodem-se, porque não faltarão futuros possíveis à escolha.

Depois de reunir relatos e exemplos, o gramático começa a esboçar regras e a costurar as exceções e contraexceções.

A parte mais propriamente normativa encontra-se na segunda seção, intitulada *A Hora Escura*. Fumaça, sombras, reflexos em um espelho – a arte da adivinhação opera nas margens do ser. O vidente precisa de realidades tênues, esgarçadas, escorregadias, caso contrário sua visão não pode sequer começar. Sem incoerência, onde a matéria é densa, bem coesa, o futuro silencia, empalidece, foge. Desmontem, pulverizem o significado, desconstruam, obscureçam – esse é o conselho primordial do meticuloso gramático. Para resumi-lo em poucas palavras: a regra prescreve a desconstrução semântica. Quanto mais o coeficiente de significado se adelgaça, melhor. As portas da premonição se abrem na incerteza, quando a língua, a visão, a audição se aguçam ao extremo, até quase atingirem o grau zero. Peguem um texto cheio de sentido, eloquente, indiscutível, e embaralhem-no, risquem-no, abram-no ao acaso. Ou fixem longamente uma cena, até o ponto de não conseguirem mais distinguir nada, de tanto que aguçaram os olhos. Escutem uma frase musical não uma, mas dez, cem, mil vezes. No fim, restará apenas um som indistinto, vocês estarão perdidos, confusos, imersos sabe-se lá onde. Pois bem, ali, nos limites do sentido, escancara-se a simultaneidade, vigora a sobreposição dos tempos, é possível ver. O gramático sabe disso, ainda que não possa oferecer uma explicação fria e cristalina. Afinal, onde o significado se dissolve e escapa, o cristal da razão se estilhaça – e, felizmente, estilhaça-se por completo.

A terceira seção é dedicada à refração adivinhatória. Preparem-se para relatos em que algo – ou muito – sairá errado. Errado como o cabo de uma colher imerso em um copo d'água. De prata, ouro ou aço, a colher pode ser perfeitamente reta quando a seguramos na mão, mas, submersa no líquido, nos parece irremediavelmente torta. As premonições podem ser tão precisas quanto quisermos, mas as veremos distorcidas – e teremos de entender por quê.

Eu havia prometido não invocar pulsões e desejos, nem recorrer aos arquétipos. Na caixa de ferramentas, coloquei apenas alguns velhos instrumentos do ofício. Sombras, fumaça e espelhos para desconstruir, e um par de colheres para ilustrar a refração. Se forem de ouro, melhor, pois duram mais. E se forem para sempre tortas, paciência. Teremos de encontrar *outra razão* para isso.

Sete demônios para Dumuzi

Ele se deita para dormir, ele se deita para dormir;
o pastor se deita para dormir.
Quando o pastor se deitou para dormir, começou a sonhar.
Ele acordou: um sonho! Ele balbuciou: um sonho!
Ele esfregou os olhos: estava aterrorizado!
"Tragam-me, tragam-me, tragam-me minha irmã!
Tragam-me minha Geštinanna, tragam-me minha irmã!
Tragam-me aquela que conhece a escrita, tragam-me minha irmã!
Tragam-me aquela que conhece o significado dos cânticos; tragam-me minha irmã!
Tragam-me a jovem perspicaz que compreende o sentido das palavras: tragam-me minha irmã!
Tragam-me minha sábia mulher, que conhece os mistérios dos sonhos; tragam-me minha irmã!
Eu quero contar a ela meu sonho!"
"Um sonho, minha irmã! Um sonho [eu vi]! Em meu sonho:
Juncos eram cortados para mim; juncos cresciam para mim!

Uma cana solitária inclinava a cabeça em minha direção;
uma cana geminada – uma delas era arrancada de mim;
grandes árvores na floresta arrancavam-se sozinhas por minha causa!
Água foi derramada em meu puro lar;
a tampa da minha pura manteigueira foi removida;
minha pura taça de beber foi retirada do prego onde estava pendurada!
Meu cajado de pastor foi tirado de mim!
Uma águia arrebatou um cordeiro da casa das ovelhas,
um falcão capturou um pardal entre os juncos;
meus bodes varriam o pó para mim com suas barbas de lápis-lazúli,
meus carneiros pisoteavam a terra com suas patas firmes por mim!
Minhas tigelas jaziam tombadas: nenhum leite era derramado;
as taças de beber estavam caídas: Dumuzi não vivia [mais!]"
Geštinanna respondeu a Dumuzi:
"Oh, meu irmão, teu sonho não é [de] bom [presságio];
ele me é muito claro!
Oh, Dumuzi, teu sonho não é [de] bom [presságio];
ele me é muito claro!
Os juncos cortados e que cresciam para ti:
são bandidos escondidos no mato, que se lançam contra ti!
A cana solitária que inclinava a cabeça para ti:
é tua mãe, que te gerou, [e] que balança a cabeça por ti!
As canas gêmeas, das quais uma foi arrancada de ti:
somos eu e tu – um de nós será levado!
As grandes árvores da floresta que se arrancam sozinhas por ti:
são os homens perversos que te caçam em teu [refúgio] secreto!
[O fato de que] a água foi derramada sobre teu puro lar [significa:]
o aprisco se tornará uma casa de silêncio para ti!

[O fato de que] a tampa de tua pura manteigueira foi removida [significa:]

o homem perverso tomará posse dela!

[O fato de que] tua pura taça de beber foi retirada do prego onde estava pendurada [significa:]

Que tu cairás das pernas de tua mãe, que te gerou!

[O fato de que] teu cajado de pastor desapareceu de ti [significa:]

o pequeno demônio o lançará às chamas!

A águia que arrebatou um cordeiro do aprisco:

é o homem perverso que te golpeará no rosto!

O falcão que caçou o pardal no canavial:

é o grande demônio que desce contra ti do recinto!

[O fato de que] as manteigueiras jazem tombadas e o leite não é derramado,

que as taças de beber estão caídas [significa:]

Dumuzi não vive mais, e o aprisco foi exposto ao vento!

Tuas mãos serão atadas e teus braços acorrentados!

[O fato de que] teus bodes varrem a terra com suas barbas de lápis-lazúli [significa:]

meus cabelos esvoaçarão no céu por ti!

[O fato de que] teus carneiros pisoteiam a terra com suas patas firmes [significa:]

arranharei minhas faces com as unhas da mão, como se fosse um pente, por ti![1]

---

1 *Mitologia sumerica*, org. de G. Pettinato, Turim, 2013, p.457-61 (1.ed. 2001). Testo sumérico e tradução inglesa in B. Alster, *Dumuzi's Dream: Aspects of Oral Poetry in a Sumerian Myth*, Copenhague, 1972 (cf. Id., A new Source for Dumuzi's Dream, *Revue d'Assyriologie*, 69 (1975), p.97-108); Id., Notes brèves, *Revue d'Assyriologie*, 76 (1982), p.191; J. W. Heimerdinger, *Sumerian Literary Fragments from Nippur*, Filadelfia, 1979, tábuas 4-6, 11, 82, 124; J.-M. Durand, Sumerica, *Revue d'Assyriologie*, 84 (1990), p.37-139. Versão

Entre o fim do terceiro e o começo do segundo milênio a.C., a terra da Suméria fervilhava de vida. Os campos são férteis, a água bem distribuída e regulada, os armazéns cheios, as cidades lotadas, os templos imponentes. Os deuses não desdenham as oferendas dos homens. Nem se esquivam de seu amor. Ou pelo menos é o que acontece com a bela e sensual Inanna, que se casa com o pastor Dumuzi. É verdade que, em Dumuzi, as duas dimensões, divina e humana, se fundem. Não sabemos muito bem onde situá-lo, esse pastor amado e odiado, se no céu inalcançável ou na terra dos mortais. Ou talvez a verdade seja que Dumuzi leva uma vida dupla, em movimento, fugidia, misteriosa, bonito como um deus e frágil como um homem. Ele está ligado a Inanna por um vínculo de interesse e paixão, já que não é apenas bonito, mas também representa um excelente partido, graças aos ricos rebanhos que possui. Pena que, em um dia fatídico, Inanna resolva descer ao submundo e permaneça aprisionada ali. Só um expediente pode libertá-la de uma existência de luto eterno: ela deve encontrar alguém para substituí-la, para ocupar seu lugar no mundo dos mortos. Em busca de alguém para se prestar à tarefa nada invejável, Inanna se depara com aquele Dumuzi alegre, que está se divertindo sem nenhum respeito pela partida de sua companheira divina. Irritada, na verdade furiosa, ela ordena

---

em italiano in J. Bottéro e S. N. Kramer, *Uomini e dèi della Mesopotamia*, Turim, 1992, p.314-27 (ed. org. *Lorsque les dieux faisaient l'homme*, Paris, 1989); *Canti sumerici d'amore e morte. La vicenda della dea Inanna/Ishtar e del dio Dumuzi/Tammuz*, org. De P. Mander, Brescia, 2005, p.165-74 (trad. parcial).

que peguem o infeliz e o lancem ao submundo. Esta é a matéria do sonho, a escuridão com a qual o pesadelo que envolve Dumuzi é tecido.

O sonhador sonhou. Dumuzi, livre e orgulhoso, o pastor que tanto confia em sua juventude, cruzou as portas dos sonhos. E agora, quando ele acorda, está aterrorizado. Não consegue nem falar, mas *murmura* sua perplexidade. O charmoso Dumuzi necessita de conselhos. Ele busca, invoca a sabedoria de uma mulher. Os sonhos não são coisa para ele. Claro, ele intuiu o que o espera. Mas não sabe decifrar a sucessão de eventos, ele não consegue se orientar na linguagem codificada da visão. Somente aqueles que possuem o segredo dos segredos podem penetrar nas imagens ambíguas, nascidas no abrigo do sono. Sua irmã Geštinanna é a única capaz de socorrê-lo. Geštinanna, a Escriba, aquela que sabe o canto. *Tragam-me minha sábia mulher, que conhece os mistérios dos sonhos; tragam-me minha irmã!*,[2] é a invocação do arrogante Dumuzi. Acredita-se que este seja o sonho mais antigo da humanidade. Não é o primeiro a ser sonhado, é claro. Mas o mais antigo a ser colocado por escrito. A amorosa Geštinanna desce ao poço das premonições e se levanta com a profecia sinistra: *Oh, meu irmão, teu sonho não é [de] bom [presságio]; ele me é muito claro!* O registro simbólico aqui é triplo. Primeiro, há o plano divino. A deusa decidiu, o amante desrespeitoso, que a ofendeu com sua superficialidade, deve pagar a ela.

2 *um-ma-šà-ma-mú-da-zu-mu túm-mu-un-zé-en nin$_9$-mu túmmu-un-zé-en* (Alster, *Dumuzi's Dream*, cit., p.54, linha 24).

E Inanna não é uma deusa que ameaça em vão. Seu decreto será implementado rapidamente, sem exceções. Depois, há o plano do sonhador, o belo e imprudente Dumuzi, tão cheio de energia vital quanto desprovido de cultura. Dumuzi não possui a arte de escrever, ele não conhece o trabalho difícil e paciente do escriba. O primeiro sonho de que temos notícia literária é, portanto, o resultado da traição de um homem e da ira de uma deusa. A primeira adivinhação onírica vem de uma mulher. Não qualquer irmã, mas Geštinanna, a irmã que Dumuzi ama e admira. Irmão e irmã permanecerão para sempre unidos pela profecia da morte, que recai sobre eles como uma mortalha. Enquanto Dumuzi dorme e sonha, os demônios já estão em seu encalço. Há sete deles, servos fiéis de Inanna e seus assassinos implacáveis. Os dias do belo pastor estão contados, tenha certeza.

Como olhar de uma nova noiva

Cassandra:
De agora em diante, o oráculo não será mais como o olhar
de uma nova noiva, espreitando pelos véus,
mas como um vento que sopra, nítido, ele se lançará
contra o nascer do sol
e, como uma onda, elevará à luz um infortúnio
ainda maior do que este. Não vou mais
falar por enigmas.
E que vocês sejam minhas testemunhas concordes
de que estou farejando o rastro de crimes antigos.
Nunca abandona estes cômodos um coro
de vozes, compacto,
mas nada agradável de se ouvir: não pronuncia palavras
benignas.
E depois de beber o sangue dos mortais
para obter maior coragem,
permanece esperando dentro da casa a multidão desenfreada

das Erínias ligadas à linhagem. É difícil
expulsá-las
À espreita nos cômodos, entoam hinos
à cegueira original e, por sua vez,
cospem horror na cama do irmão,
fatal para quem o violou. Estou errado ou acertei
o alvo como um arqueiro?
Ou talvez eu seja um falso profeta, batendo
nas portas
para conversar? Seja minha testemunha e jure
que estou reconhecendo a maldade
desta casa, transmitida desde a antiguidade

CORO:
E como poderia reparar as coisas o pacto leal
de um juramento? Em vez disso,
admiro-me de que tu, criada além-mar,
possas falar de uma cidade estrangeira como se
tivesses estado presente aos acontecimentos.[1]

---

1 Ésquilo, *Agamênon*, vv. 1179-1201, in: Ésquilo, Sófocles, Eurípides, *Tutte le tragedie*, org. de A. Tonelli, Milão, 2013, *Come sguardo di sposa novella* p.300-1. Para "esposa do Hades", ver R. Seaford, The Tragic Wedding, *The Journal of Hellenic Studies*, 107 (1987), p.106-30; cf. também Id., Wedding Ritual and Textual Criticism in Sophocles' "Women of Trachis", *Hermes*, 114 (1986), p.50-9. O paralelo entre o simbolismo fúnebre da esposa e a personagem de Cassandra no *Agamênon* de Ésquilo foi proposto por I. Levy, Brides of Death, Brides of Destruction: The Inverted Wedding in Aeschylus' Agamemnon, *Persephone*, 2 (2017), p.18-28. Relembrar também a esplêndida análise da profecia de Cassandra por B. Knox, *Word and Action: Essays on the Ancient Theater*, Baltimore-Londres, 1979, p.42-55; S. L. Schein, The Cassandra Scene in Aeschylus' "Agamemnon", *Greece and Rome*, 29 (1982), p.11-6.

Cassandra, descendo do carro que, da nave, a levou para Argos, tem que dar alguns passos. Uma viagem muito curta a espera até o palácio real, onde tudo está pronto para receber Agamênon, que retorna dos longos anos da Guerra de Troia. São poucos metros, é verdade, mas duram um tempo infinito. É uma experiência longa, intensa e rítmica de loucura divinatória com uma cadência hipnótica. Um abismo sem esperança e sem redenção. Cassandra, ela, não é louca. Não se joga no chão, não grita fora de si, não transgride as normas sociais. Tola é a vida, tola é a ambição humana, tolo é o rancor dos deuses. Cassandra sabe. Sabe porque vê. Sabe porque um deus a conduz pela mão. Sabe porque a morte, sua morte, está disposta diante de seus olhos, nos mínimos detalhes. O de Cassandra é o cortejo de uma esposa. De uma esposa do Hades, como os gregos chamavam as meninas que morreram antes de poderem se casar e que foram enterradas com seu vestido de noiva. Cassandra tem dois maridos, ambos portadores de infortúnio. Seu primeiro marido é Apolo, que a queria para si. Ela fingiu se entregar e depois recusou. E esta é sua primeira condenação. O segundo marido é Agamênon, que a escolheu como escrava e concubina. Um marido aqueu, impossível para ela, filha do povo vencido de Troia. Aqui está a segunda condenação de Cassandra. Além disso, Agamênon também está à beira da morte. Ele e Cassandra estão prestes a ser massacrados juntos, unidos no rito macabro de um casamento de sangue, celebrado por Clitemnestra, a esposa legítima de Agamênon. *De agora em diante, o oráculo não será mais como o olhar de uma nova noiva, espreitando pelos véus.* Cassandra, a esposa devotada à morte, arranca o véu nupcial e o joga no chão. Renuncia a se cobrir e a cobrir seu destino. *Como um vento que sopra, nítido,* o discurso de Cassandra se lança *contra o nascer do sol e, como uma onda,* eleva *à luz um infortúnio* [...]. *Não vou mais falar por enigmas,* diz ela com orgulho. A esposa que vai morrer é livre, sua palavra é tão imparável quanto o vento. E, como o vento, a premonição de Cassandra se espalha em todas as direções. Cassandra vê tudo ao seu redor e pinta com palavras, no tom solene e alto da métrica lírica. Vê a maldição do passado, o banquete atroz em que Atreu, pai de Agamênon, serviu a seu irmão Tiestes a carne dos filhos deste último. Uma rixa macabra, sem possibilidade de perdão, um horror familiar que se arrasta de uma geração para a outra. Cassandra sabe disso e diz, tanto que o coro, forçado a se curvar a essa sua força divinatória, exclama: *admiro-me de que tu, criada além-mar, possas falar de uma cidade estrangeira como se tivesses estado presente aos acontecimentos.* Como o vento, o oráculo de Cassandra perturba o presente, girando sobre a procissão do engano, com a qual ela é levada à morte. Como o vento, sua premonição alcança o futuro. Cassandra enuncia o desastre iminente, a emboscada preparada por Clitemnestra, para vingar Ifigênia, filha dela e de Agamênon, sacrificada por este último para permitir que os navios partissem para Troia. O vento da profecia chega ainda mais longe, até evocar Orestes, que se vingará de Agamênon, matando por sua vez a própria mãe, Clitemnestra:

Morreremos.
Mas não seremos vingados pelos deuses. Outros virão,
que, por sua vez, farão vingança por nós,
broto que mata sua mãe, vingador
do pai. Exilado, errante, banido desta terra,
voltará para pôr fim a essas desventuras para os seus
[caros...] E o guiará
o corpo caído do pai prostrado.[2]

A esposa está prestes a se aproximar do macabro tálamo nupcial, o altar no qual ela será sacrificada. Com seu discurso de loucura lúcida, Cassandra nos ensina a terrível força da visão, que bagunça todos os cantos, que com um único sopro, uma rajada imparável, penetra nas profundezas do passado e atinge o futuro mais remoto. A mensagem da esposa de Hades é sábia, desencantada, humilde. Quando os tempos se contraem, se sobrepõem, se unem, o espaço reservado aos mortais se estreita até uma sombra fina, até um desenho que é apagado com um traço rápido:

Ah, os destinos dos mortais! Se há felicidade,
uma sombra pode mudá-la; se há infortúnio,
um golpe de esponja úmida apaga o desenho,
e isso me desperta mais piedade do que aquilo.[3]

2 Ésquilo, *Agamênon*, vv. 1279-1286, p.306-7.

3 Ibid., vv.1328-1331, p.308-9. Mudei a tradução do v.1330, com relação a "maior piedade", proposto por Tonelli. Cf. *Aeschylus Agamemnon*, org. de E. Fraenkel, 3v., Oxford, 1962, v.III, p.622 (1.ed. 1950); G. Rudberg, Glömskans ve, in *Gåva och krav: Skrifter tillägnade Manfred Björkquist*, Estocolmo, 1934, p.285-93.

Perda de controle

O sábio Vālmikī avançou com ponderação, olhando ao redor, em direção à grande floresta. Nas proximidades, viu uma adorável dupla de grous,[1] que cantavam graciosamente. Enquanto os observava, um caçador tribal, inimigo dos habitantes da floresta, matou o macho. A fêmea, vendo-o cair e se contorcer no chão, com o corpo coberto de sangue, se dilacerava em pranto. O sábio tinha um coração justo, e a morte executada pelo caçador comoveu-o à piedade.

Cheio de compaixão, pensou que aquele ato era profundamente injusto. Enquanto a fêmea não cessava de gemer, ele pronunciou estas palavras: "Você matou um dos dois pássaros no momento em que estava tomado pela paixão. Por isso, caçador de mau presságio, sua memória será amaldiçoada para sempre".[2] Depois, refletiu longamente

1 J. Leslie, A Bird Bereaved: The Identity and Significance of Valmiki's Krauñca, *Journal of Indian Philosophy*, 26 (1998), p.455-87.

2 *Mā niṣāda pratiṣṭhāṁ tvaṁ agamaḥ śāśvatīḥ samāḥ / yat krauñca mithunāt ekam avadhīḥ kāma mohitam.*

> e perguntou a si mesmo: "Que frase acabei de dizer, quando estava tão abalado pelo pássaro?". Depois de revolver de novo em seu coração aquelas palavras, o sábio perfeito então compreendeu. Sendo erudito como era, disse ao discípulo que o acompanhava: "Meu discurso nasceu enquanto eu estava dominado pela dor [śoka]. Ele tem ritmo e métrica e está disposto em ordem harmoniosa. Isto e nada mais será o verso em poesia [śloka]". Enquanto pronunciava essas palavras supremas, seu discípulo as memorizava, o que lhe trouxe alegria. Realizou seu banho ritual e tomou o caminho de volta, continuando a pensar no que havia acontecido. Bharadvāja, o humilde e erudito discípulo, caminhava atrás dele, depois de ter enchido a bacia com água lustral.[3]

Solidão, concentração, autocontrole. O protagonista desse encontro-revelação é Vālmikī, o autor do *Rāmāyaṇa*, a grande obra-prima da épica indiana. Quando o relato tem início, Vālmikī já é um célebre asceta, mas ainda não descobriu sua vocação mais profunda. Acompanhamos seus passos enquanto ele desce em direção ao rio Tamsa, um afluente do Ganges, de águas límpidas e não contaminadas. É uma cena de paz e recolhimento, animada – ou talvez devêssemos dizer interrompida – pelo aparecimento de um casal de grous em pleno amor. Uma interrupção agradável, sem dúvida, mas também uma invasão da paixão e da alegria de viver no mundo mental e comedido do perfeito brâmane.

O canto das aves ressoa por um instante. Antes que possa compreender sua origem, Vālmikī vê o macho cair, contorcendo-se no espasmo da morte. Ao seu lado, a fêmea se consome e se la-

3 *Rāmāyaṇa* I:2:8-19 (*The Vālmīki Rāmāyaṇa*, v.I: *The Bālakāṇḍa*, ed. G. H. Bhatt, Baroda, 1960, p.23-5). A tradução é minha.

menta. Não há remédio para a morte, e não há desculpa para quem a trouxe. Vālmikī traz a justiça no coração. Ele carrega o *dharma* dentro de si, como diz aqui o termo em sânscrito (*dharmātmānaḥ*). A lei cósmica, feita de compaixão e emoção, está gravada profundamente em sua alma, indelével. É uma norma de equilíbrio, que às vezes, porém, pode se desdobrar em ira e desequilíbrio. Não há equanimidade sem movimento, e não há movimento sem desequilíbrio. Vālmikī se inflama, amaldiçoa. O caçador culpado deve ser condenado para sempre, e seu nome, lembrado com desprezo! Vālmikī sente essa condenação, deseja-a, proclama-a. E, ao proferir o som da maldição, suas palavras se tornam realidade, cristalizando-se em um destino imutável. É uma única, breve frase, uma das mais célebres da poesia indiana. Mais do que isso: é o modelo para toda a composição posterior em versos. Harmoniosa e ritmada, é uma invectiva-manifesto. E também uma profunda e inesperada premonição. Sob o peso da emoção, em razão de um encontro casual e fatal, Vālmikī pressente o que o aguarda. Seu futuro será a poesia. Sua obra não será uma lírica de versos polidos, habilidosos, medidos. Seu canto terá a verdade da grande arte, uma verdade feita de paixão e partilha. Seu poema ainda não existe, mas o primeiro verso, que ele pronunciou enquanto estava tomado pelo pesar e pela indignação, já funciona como a marca estilística de toda a composição.[4] A premonição de Vālmikī cons-

4 Segundo a crítica filológica e histórica, o episódio da ida de Vālmīki ao rio, que culmina com a maldição do caçador, pertence a uma camada possivelmente datável do século I a.C., portanto posterior ao núcleo inicial da obra, situado por muitos por volta do século VI a.C. Veja *The Rāmāyaṇa of*

trói e antecipa uma história literária indiana milenar. Ela nasceu no interior da floresta, à beira de um rio cristalino. Nasceu sem que ninguém a desejasse ou a tivesse preparado. Nasceu do sangue, da morte, do luto. O espelho em que o vidente se reflete? É sua alma perturbada e em tumulto. A vítima sacrificial, que prenuncia o vaticínio, é um pobre grou macho, cujo amor se transforma em suplício. Os vestígios do futuro? São os estertores da vítima. E o oficiante do sacrifício? É um infeliz caçador, destruidor da lei, portador do *adharma*, da injustiça cósmica – *adharmo ayam iti*, "Vālmikī pensou que aquele ato era profundamente injusto". Vālmikī se surpreende e se confunde. Como pôde perder o controle de si mesmo e romper em tal injúria, ele, que está acostumado a medir cada desejo e cada paixão? Não demora muito para entender. O Vālmikī asceta está prestes a se transformar no autor do *Rāmāyaṇa*. O tempo de ponderação terminou. Começa o tempo da poesia, em que só pode ser verdadeiro aquilo que foi vivido e sofrido.

Vālmīki: An Epic of Ancient India, v.I: *Bālakāṇḍa*, introdução e tradução de R. Goldman, Princeton, 1984, p.60-81. Existe uma ampla bibliografia sobre esse trecho: veja, por exemplo, J. [M.] Masson, Who Killed Cock Krauñca? Abhinavagupta's Reflections on the Origin of Aesthetic Experience, *Journal of the Oriental Institute*, p.207-24. A refinada exegese de Anandavardhana (c. 820-890) e de Abhinavagupta (c. 950-1016), sobre o significado da experiência de Vālmīki para a compreensão da essência da poesia, pode ser lida em *The Dhvanyaloka of Anandavardhana with the Locana of Abhinavagupta*, trad. de D. H. H. Ingalls, J. M. Masson e M. V. Patwardhan, intr. e ed. de D. H. H. Ingalls, Cambridge (MA), 1990, p.114-9.

O imperador começa a ler

Meu [caro] Máximo,
me anunciam a morte de Caio Fânio, notícia que me causa grande tristeza, primeiro porque eu amava esse homem distinto e eloquente e, em segundo lugar, porque muitas vezes me valia de seu julgamento. Ele era de fato perspicaz por natureza, habilidoso por experiência e muito decidido por temperamento. Também me aflige seu próprio destino, pois ele morreu deixando um antigo testamento: excluía aqueles que agora ele mais amava e beneficiava aqueles que atualmente lhe eram mais inimigos. Mas se isso ainda é tolerável, o mais grave é que ele deixa uma bela obra inacabada. Embora estivesse inteiramente absorto no trabalho de advogado, escrevia o relato do fim de todos aqueles que foram mortos ou exilados por Nero e já havia completado três livros, exatos, precisos e em bom latim, em um estilo entre dissertação e história; e ele desejava muito completar o resto, já que os primeiros livros eram amplamente lidos. Para mim, a morte de quem prepara algo destinado a não morrer parece imatura e prematura. Pois aqueles que são dados aos prazeres vivem

quase dia após dia, esgotando suas razões para viver todos os dias; mas aqueles que pensam na posteridade prolongam a memória de si mesmos pelas obras; e para eles a morte sempre vem de repente, pois sempre interrompe algo que foi iniciado.

Além disso, Caio Fânio há muito pressentia o que aconteceu. Ele sonhou, certa noite, que estava estendido na cama, na atitude de quem está estudando, tendo diante de si, como era seu costume, a caixa de cartas; depois, pareceu-lhe que Nero entrava, se sentava na cama e, retirando o primeiro livro, no qual Fânio tinha relatado os crimes deste, o lia até o fim, fazendo o mesmo com o segundo e o terceiro, e depois ia embora. Ficou assustado e interpretou o sonho como se ele devesse terminar de escrever a partir do ponto em que Nero havia terminado de ler; e assim foi. Ao recordar essas coisas, senti compaixão pelas tantas vigílias, pelos tantos esforços que ele enfrentou em vão. Pensamentos surgem sobre minha condição mortal, sobre meus escritos. E não duvido que o mesmo pensamento te aterrorize, pelas obras que estás compondo. Portanto, procuremos, enquanto nos resta vida, fazer com que a morte encontre o mínimo possível para destruir. Adeus.[1]

Plínio, o Jovem, que viveu entre 61 e 114, não é apenas a grande figura pública da época imperial, o correspondente elegante, o advogado capaz e eloquente que tanto influenciou a cultura humanista. Suas célebres cartas contêm várias incursões no maravilhoso e nos prodígios. Coletor e comentador de sonhos, Plínio se aventura nesse domínio não apenas por curiosidade intelectual ou pelo gosto da narração. A política também desem-

1 Plínio, o Jovem, *Lettere ai familiari*, intr. e com. de L. Lenaz, trad. de L. Rusca, Milão, 2000, v.I, p.377-9 (1.ed. 1961).

penha seu papel, e frequentemente as cartas plinianas preservam a memória de acusações ou conspirações antecipadas, ou complicadas por presságios oníricos e prodígios.[2] O sonho de Caio Fânio (m. *ante* 106) é, entre todos, o mais prestigioso, pois tem como protagonista nada menos que o imperador Nero. Da obra dedicada por Fânio às atrocidades neronianas, restou apenas o título, *Exitus occisorum aut relegatorum a Nerone*.[3] Em compensação, a cena em que o imperador se senta à cabeceira da cama do pobre autor e mergulha na leitura de seus próprios crimes é realmente imperdível. O fato de o déspota infame se dignar a consultar, naturalmente depois de sua morte (suicidou-se em 68), o livro que o sonhador está escrevendo já é notável. Mas que ele pare de ler com sinistro *timing* e guarde o volume ainda não terminado, como se dissesse a Fânio: "Além disso você não irá", é uma premonição genial, e uma igualmente genial maldição.

2 M. Neger, Telling Tales of Wonder: Mirabilia in the Letters of Pliny the Younger, in: *Recognizing Miracles in Antiquity and beyond*, org. de M. Gerolemou, Berlim-Boston, 2018, p.179-203.

3 A. Stein, s.v. Fannius: 10, in *Paulys Realencyclopädie der classischen Altertumswissenschaft*, v.VI/2: *Euxantios bis Fornaces*, Stuttgart, 1909, col. 1992; A. Momigliano, *Quinto contributo alla storia degli studi classici e del mondo antico*, 2v., Roma, 1975, v.II, p.836.

"[...] ESCAPAREMOS DO ATAQUE SUSPEITO"

Silenciosos, sós, sem companhia,
seguíamos, um à frente e outro atrás,
como frades menores pela via.

A fábula de Esopo então me traz,
ao pensamento – a da rã e do rato –,
a rixa de um com outro satanás;

porque não há, entre rápido e imediato
diferença maior, pensando bem,
que entre a lição da fábula e a do fato.

Como de um pensamento um outro advém,
àquele um outro adicionou-se após,
que o primeiro temor dobrou também.

"Aqueles", eu pensei então, "por nós
sofreram dano com astúcia e manha,
o que muito, por certo, os indispôs;

se a má intenção a ira ainda acompanha,
eles virão co'o o impiedoso denodo
do cão co'a lebre que ele enfim abocanha."

Já sentia me eriçar o pelo todo,
pelo medo, e pra trás olhava, atento:
"Mestre", roguei, "se não tiveres modo

de já nos ocultar, eu temo o advento
dos Malebranche; estão já em nossa via;
até já os sinto como os represento."

E ele: "Se espelho eu fosse, mostraria
menos presta a tua imagem exterior
que esta, interior, que a mim se evidencia:

juntou-se agora ao meu o teu temor,
co'a mesma cara e semelhante efeito,
assim dos dois o intento vou propor:

Se tal o clivo, no sopé direito,
for que a descida admita a outro bolsão,
escaparemos do ataque suspeito".

Não completara o dito ainda a intenção,
que os alados já eu via, em sua fereza,
juntos chegando, prontos pra incursão.[1]

1 Dante, *A divina comédia, Inferno,* canto XXIII, vv. 1-36. Trad. de Italo Eugenio Mauro. São Paulo: Editora 34, 1998, p.157-8.

Silenciosos, sós, sem companhia. No início do canto XXIII do *Inferno*, Dante exibe uma cativante simplicidade. *Silenciosos* e *sós* são dois adjetivos-mônada, que encerram e isolam. É uma mônada plural, e isso compreendemos de imediato, ainda que nos escape como pode existir tal solidão compartilhada. Para reforçar o efeito, vem em seguida *sem companhia*. Até mesmo o leitor mais desatento é forçado a parar, mudar o ritmo, aceitar uma clausura, ainda que temporária. Os protagonistas, ainda sem nome, estão sós e silenciosos, mas não permanecem imóveis. Seu caminhar segue um modelo, um comparativo. É o passo dos franciscanos, em pares e em silêncio. Não lado a lado, como será comum mais adiante, mas em sucessão. [...] *seguíamos, um à frente e outro atrás, como frades menores pela via.* A posição espaçada não é um mero detalhe de ambientação. É um elemento funcional para a compreensão da cena que acaba de se abrir e que se prolongará por nada menos do que onze tercetos. São versos tortuosos, vertiginosos, difíceis de atravessar sem um guia confiante. O mapa a seguir foi traçado, com a costumeira habilidade, por Mirko Tavoni, dantista exímio, e é nele que me apoio aqui, passo a passo, para não cair no despenhadeiro que se abre além da poesia, em queda vertical sobre o invisível.[2] Bem entendido, o início do

2 M. Tavoni, L'Inferno sognato, la telepatia di Virgilio e gli antefatti danteschi della Commedia come visione in sogno, in: *Dante e la dimensione visionaria tra medioevo e prima età moderna*, org. de B. Huss e M. Tavoni, Ravenna, 2019, p.97-119, em particular p.102-4. Ver também K. Ruth, Dantes "Göttliche Komödie" und das Franziskanertum, in: Id., *Kleine Schriften*, v.I: *Dichtung des Hochund Spätmittelalters*, org. de V. Mertens, Berlim-Nova York, 1985,

Canto XXIII contém um magistral tratado sobre a relação que liga aquele que adivinha e aquele que é adivinhado. Mais ainda, essa passagem dantesca é uma verdadeira *ação divinatória*, com direito a um desfecho salvador. Mas é imprescindível avançar com cautela e deixar que o silêncio, tão desejado por Dante, cumpra seu efeito.

Protegido pela solidão, o poeta mergulha em si mesmo. Se no primeiro terceto o sujeito é plural – *seguíamos* –, no segundo dá-se espaço ao *eu*. Ou melhor, ao meu *pensamento*, que se torna o protagonista da narrativa. Dante revisita mentalmente a rixa entre os diabos, que ele acaba de presenciar. Alichino e Calcabrina, os demônios trapalhões que, na fúria do combate, caíram no breu fervente, confundem-se, na imaginação literária do poeta, com dois animais de uma fábula de Esopo. Para enganar o rato, a rã o atrai para a água, mas, enquanto os dois lutam, o milhafre desce e os captura. Segundo o poeta, o início e o fim da disputa entre os diabos, de um lado, e entre a rã e o rato, de outro, coincidem perfeitamente, tal como se encaixam dois sinônimos – *porque não há, entre rápido e imediato/ diferença maior, pensando bem,/ que entre a lição da fábula e a do fato*. Em ambos os casos, os contendores estão tão ocupados em se atacar que não percebem o perigo iminente e sucumbem: os primeiros, no breu fervente; os segundos, entre as garras da ave de rapina. Essa fantasia

p.310-23, esp. p.321; T. Rendall, "Natura non saltum facit": Virgil's Telepathy in the *Commedia* reconsidered, *Italica*, 91 (2014), p.125-44; M. S. Lannutti, La commedia degli inganni. Processo cognitivo e registro dottrinale nel canto XXIII dell'Inferno, *Rivista di Studi Danteschi*, 16 (2016), p.225-75.

dos diabos que se transmutam em pequenos animais belicosos, uma vez desencadeada, segue por si só. *Como de um pensamento um outro advém,/ àquele um outro adicionou-se após,/ que o primeiro temor dobrou também.* Dante tem um olhar atento para as associações mentais que surgem uma atrás da outra, inflando-se e explodindo como em um processo contínuo de ebulição. Eis que a comparação literária se transforma em apreensão, em um pressentimento de ameaça. Ele já os vê, os diabos furiosos, vindo atrás dele, perseguindo-o, agarrando-o, como cães de caça. E os imagina com tal vividez que lhe parece ouvi-los – *até já os sinto como os represento.* Essas palavras já não são mais apenas um pensamento. Tomado pelo pânico, gestado e cultivado na solidão, Dante clama por seu guia, suplicando-lhe um refúgio. Eis Virgílio, que enfim se torna visível. Havíamos intuído que ele estava ali, caminhando à frente, mas até então permanecia como que fora de campo. Ou melhor, sua presença era certa, mas sua figura ainda não nos havia sido revelada. Suas palavras, embora breves, nos deixam boquiabertos. Nem se fosse feito de espelho – *se espelho eu fosse* –, assegura, ele conseguiria captar a imagem exterior de Dante – *menos presta a tua imagem exterior* – com a mesma rapidez com que apreende sua imagem interior – *que esta, interior, que a mim se evidencia.* É uma orgulhosa reivindicação de faculdades telepáticas, sem falsa modéstia. Não é a primeira vez, na *Divina comédia,* que Virgílio demonstra essa capacidade receptiva, nem será a última. Enquanto fala de espelhos e de penetração mental, ele não precisa se voltar para Dante. Caminha à frente, de costas para ele, mas isso não altera em nada o resultado.

Ele sente o que o outro pensa, capta-o, apropria-se dele. [...] *juntou-se agora ao meu o teu temor,* diz ele. E indica com precisão o entrelaçamento da primeira fantasia com a segunda, e como ambas se fundem em um único e incontível terror. Ao juntar os dois temores – *assim dos dois o intento vou propor* –, Virgílio já decidiu agir para evitar a perseguição imaginada por Dante. [...] *escaparemos do ataque suspeito.* Este é o ápice da divinação-ação. Dante pensou e repensou, dentro de si, e de duas fantasias fez um único pânico. Virgílio apreendeu os pensamentos do companheiro, destrinchou-os, os recompôs e agora está prestes a transformá-los em gesto. Ele decidiu que fugirão da caçada imaginária de seu companheiro. Até esse momento, tudo se desenrolou no plano mental, da premonição refletida entre o adivinhado e o adivinhante. Mas eis que – e este é o vetor da vidência – a previsão se concretiza, e o plano real ultrapassa o imaginado. *Não completara o dito ainda a intenção,/ que os alados já eu via, em sua fereza,/ juntos chegando, prontos pra incursão.* A sessão divinatória, conduzida no silêncio monástico da marcha, é interrompida por um bando de diabos furiosos. Resta apenas fugir – e depressa. Há um tempo para ler pensamentos e outro para correr veloz.

Os botões dourados

Veio até nós um senhor que eu já tinha visto muitas vezes, mas sem lhe prestar atenção. Foi para o quarto com meus pais. Todos estavam concentrados no que ele dizia e fecharam a porta atrás de si, com um ar ausente. Tentei segui-los, mas Frieda, a cozinheira, me deteve. Naturalmente, comecei a me debater e a chorar, mas Frieda era a cozinheira mais forte de que me lembro, e conseguia segurar minhas mãos com um aperto invencível. Mantinha-me tão afastado dela que eu não conseguia alcançá-la com os pés. Impotente, só conseguia gritar. "Você é um gendarme!", berrei para ela. "Que vergonha! Parece uma moça, mas é um gendarme!" Não havia como demovê-la, pois era uma jovem calma, quase melancólica. Só me soltou quando minha mãe saiu do quarto para pegar algo na cozinha. Agarrei-me à saia dela: "O que esse senhor quer?", perguntei. "Ah", disse ela, dando-me um beijo, "nada, ele só quer que partamos." Fiquei feliz, porque o vilarejo onde sempre passávamos as férias era muito melhor do que a cidade. Mas mamãe me explicou que eu não poderia ir com eles. Tinha de ir para a escola, não era a época das férias, e, além disso, o inverno estava chegando. Além disso, não estavam indo para o vilarejo, mas para uma cidade muito mais distante. Ela logo se corrigiu, ao perceber meu pânico: "Não, não é mais distante", disse-me. "A cidade é mais próxima do que o vilarejo." Como eu não acreditava, levou-me até a janela e disse que era tão perto que quase dava para vê-la dali. Mas não era verdade, ao menos não naquele dia sombrio, em que se via a paisagem de sempre: o beco estreito e a igreja em frente. Deixou-me e correu para a cozinha. Voltou com um copo d'água, fez um gesto de negação para Frieda, que queria me segurar novamente, e me empurrou para dentro do quarto. Papai, cansado, estava sentado na poltrona e estendeu a mão para pegar a água. Quando me viu, sorriu e perguntou o que eu achava da partida deles. Respondi que eu também gostaria muito de ir. Mas ele disse que eu ainda era muito pequeno e que a viagem seria cansativa demais. Então perguntei por que tinham que partir. Papai apontou para o senhor. Ele tinha botões dourados na jaqueta e estava polindo um deles com um lenço. Supliquei que deixasse meus pais em casa, pois, se partissem, eu teria de ficar com Frieda, mas isso era impossível.[1]

Franz Kafka escreveu este fragmento na primavera de 1922, provavelmente entre o fim de maio e meados de junho. Naquela época, estava em Praga e trabalhava em *O castelo*. Nos mesmos meses, algumas páginas de seu *Diário* revelam fragmentos oníricos, imagens duras, hostis: "3 de fevereiro. Quase sem dormir; atormentado por sonhos, como se fossem riscados dentro de

1 F. Kafka, *Nachgelassene Schriften und Fragmente II*, ed. J. Schillemeit, Frankfurt a.M., 2002, p.412-4. A tradução é minha. Para a datação, ver ibidem, *Apparat Band*, p.110. O manuscrito autógrafo está conservado em Oxford, Bodleian Library, ms. Kafka 27.

mim, com um material resistente".[2] Foi de um sonho que surgiu o homem dos botões dourados? Para onde vão os pais do protagonista, onde é aquela cidade "longe-perto" mencionada na história? Ela está diante dele, como sua mãe tenta fazê-lo acreditar, ou está enterrada além do horizonte, além do que se pode conceber? O primeiro a perceber que esse trecho descrevia uma cena de deportação foi Max Brod, amigo íntimo de Kafka. Ele, que conhecia Kafka melhor do que ninguém, tinha certeza disso.[3] A atmosfera de angústia, o esforço para manter as aparências diante da criança, o silêncio implacável do "senhor" que veio buscar o casal inocente – cada detalhe, em retrospecto, soa tragicamente familiar. Um casal de judeus arrancado de sua casa, jogado em um campo de concentração a milhares de quilômetros para ser morto – do que mais poderia se tratar? Mas quem poderia prever tal horror em 1922? Quando escreveu essas linhas febris, Franz tinha apenas dois anos de vida restantes. A tuberculose o levou em 3 de junho de 1924, no sanatório de Kierling. Uma morte precoce, terrível. Mas também uma tragédia piedosa, que o poupou do destino que engoliria, durante o Holocausto, suas três irmãs, quase todos os seus parentes, amigos, mulheres que amou, desejou, rejeitou. Treblinka, Theresienstadt, Auschwitz, prisões, trens da morte – ao redor de Kafka há um halo de destruição, um incêndio que queima vidas, lugares, coisas. Ninguém ainda

---

2 F. Kafka, *Diari 1910-1923*, ed. M. Brod, com intr. de R. Cantoni, trad. de E. Pocar, 2v., Milão, 1953-195 9, v.II, p.221 (ed. original *Tagebücher*, edição de H.-G. Koch, M. Müller e M. Pasley, Frankfurt a.M., 2002).

3 M. Brod, *Über Franz Kafka*, Frankfurt a.M., 1966, p.306.

pode ver essas chamas com os olhos, na Praga dos anos 1920, mas seu crepitar surdo já sussurra por toda parte. Das noites, das almas, dos reflexos nos rostos, algo da catástrofe futura passa para a pena de Kafka. A cena da deportação não é apenas uma transposição da angústia infantil. Olhem os botões do uniforme, lustrados com precisão obsessiva. Esse *senhor* vem diretamente do mundo dos perseguidores, e isso já se entende por seu vestuário. Se os botões não forem suficientes como sinal do futuro, há outras pistas misteriosas deixadas intencionalmente para nos esclarecer:

> Subitamente, ouviu batidas na porta e viu entrar um homem que nunca tinha visto naquela casa. Era esguio, mas robusto, vestia um traje preto justo, parecido com um uniforme de viagem, com várias pregas, bolsos, fivelas, botões e um cinto, e por isso, sem que se compreendesse sua função exata, parecia particularmente prático.[4]

No início de *O processo*, uma peça de vestuário já denuncia um misterioso anacronismo. Por que o homem que vem prender K. usa um traje preto justo, cheio de fivelas e botões, de um tipo nunca antes visto? Mais uma vez, a resposta definitiva nos é dada por Max Brod, em uma entrevista televisiva de 1968, poucos meses antes de sua morte. Ninguém se vestia assim nos tempos de Kafka. Aquela é uma SA ou uma SS, vestida à moda dos anos 1930, assegura Brod, que escapou do extermínio em 1939, no último trem saindo de Praga, quando os nazistas já estavam

---

4 F. Kafka, *Il processo*, trad. E. Pocar, intr. C. Magris, Milão, 1975, p.3.

na cidade. "Grandes sombras, atraídas por massacres e sangue, entram de um mundo invisível no visível." (Lemos no *Diário* de Kafka de 6 de janeiro de 1914.)[5] Em *O processo*, no fragmento da deportação, nos recônditos dos *Contos*, pequenas fendas se abrem. Dali, *as sombras dos massacres e do sangue* invadem o texto. É um fluxo oculto, uma troca entre o invisível e o visível. Os algozes vêm das perseguições das décadas seguintes e deslizam insolentes pelos escritos dos anos 1910 e 1920. Fazem o possível para se disfarçar, para parecerem apenas visões oníricas, mas seu vestuário, seus gestos, os denunciam. Kafka os viu antecipadamente? Ou foram eles, os perseguidores dos botões dourados e das fivelas "cuja função ninguém compreendia", que se arrogam o direito de invadir a história, de nos avisar de antemão sobre sua terrível realidade histórica? "Tudo que é possível já acontece; possível é apenas o que acontece" é outra anotação do *Diário*.[6] No tempo não tempo de Kafka, o que está escrito é também, *ipso facto*, possível – por mais terrível que pareça. E, igualmente, todo o possível já está escrito. Mais cedo ou mais tarde, agora ou então, visível ou invisível – não faz diferença.

---

5 Id., *Diari 1910-1923*, cit., v.II, p. 11 (Id., *Tagebücher*, cit., p. 622; ibid., *Kommentar*, p. 155. Trata-se de uma paráfrase de um trecho do filósofo Wilhelm Dilthey, *Das Erlebnis und die Dichtung*, 3.ed. ampl., Leipzig, 1910, p. 5).

6 Id., *Diari*, cit., v.II, p. 10, 5 jan. 1914.

O parquinho

Preciso encontrá-lo. Não sei como, mas preciso conseguir. Escavo a memória. Faz semanas que não o vejo. No verão, não nos encontramos. Moramos em cidades diferentes e levamos vidas bastante distintas. Eu me ocupo de minha galeria de arte, ele está perdido entre seus livros, papéis e estudos. Mas, dessa vez, ele terá de me ouvir. Não é uma bobagem qualquer. É uma questão da qual depende meu futuro. Cuidarei de tudo – do advogado, dos custos e de todo o resto. Mauro só precisa assinar a constituição da parte. Eu não posso fazer isso por ele. Precisamos apresentar o recurso antes que o prazo expire. Temos apenas dez dias, depois será tarde demais. Essa história remonta a uns trinta anos atrás. Não havia celular, nenhum meio de localizar uma pessoa se você não souber onde ela está. Sem endereço, sem uma localização certa, é como procurar um fantasma. No fim, me vem à mente o nome da vila na montanha onde ele disse que ficaria. Olho no mapa: daqui até lá são pelo menos trezentos quilômetros. Não sei em que rua ele mora nem seu telefone, se é que tem um. Certamente alugou um lugar modesto. São três na família, contando o filho, e não precisam de muito espaço. Tenho uma ideia. Se ele assinou um contrato de aluguel, deve ter sido registrado na delegacia. Ou talvez na polícia local, já que é uma cidadezinha de poucos habitantes. Por sorte, existem normas antiterrorismo; talvez eu o encontre na primeira tentativa. Invento minha história, uma necessidade familiar urgente. Encontro o número da delegacia, faço uma voz mais calma e confiável e tento a sorte. Quem me atende é cortês, compreensivo e prestativo. Revira os registros. Os aluguéis turísticos não são muitos, a verificação dura apenas alguns minutos. Nada feito. Ou Mauro decidiu ir para outro lugar, ou não registrou o contrato. "Sabe, muitos preferem não aparecer nos registros", me diz o policial. Nos entendemos sem precisar dizer mais nada. "Certo, obrigado, compreendo", e desligo. Estou no mesmo ponto de antes, e perdi um dia à toa. "Amanhã de manhã, eu parto", digo a mim mesmo. Eu o encontro, falo com ele, faço-o assinar e, à noite, já vou estar de volta. Uma noite agitada, cheia de despertares e dúvidas. Me levanto antes do amanhecer, pois já não consigo mais dormir. Algumas horas de estrada sob o calor escaldante de agosto, depois um trecho por uma estrada secundária, com curvas fechadas e desagradáveis. Paro no acostamento e confiro o mapa. Mais vinte quilômetros e chegarei. À minha esquerda, vejo um parquinho. Diviso um escorregador de madeira e um balanço. Sem pensar, desligo o motor, saio do carro e entro no jardim. São cerca de nove da manhã e não há ninguém. Apenas duas figuras. A esposa de Mauro me olha sorridente. Nem parece surpresa ao me ver. Ela trouxe o filho para brincar ali, porque ele gosta do lugar. Mas hoje os outros amiguinhos não vieram, e mãe e filho já estão de saída. Ela me conta que não estão hospedados na cidade onde eu os procurava. Encontraram um alojamento mais barato em um vilarejo um pouco afastado. "É mais isolado, mas também mais tranquilo", me garante. "Você precisa voltar pelo mesmo caminho que acabou de percorrer." Quando me vê, Mauro me encara com desconfiança. Tenho a impressão de que suspeita de algo. Acha que eu tenho um caso com sua esposa e que o encontro casual é uma farsa. Caso contrário, como eu poderia tê-la encontrado, às nove da manhã, no parquinho? Ele assina, me devolve o papel e se despede de mim com um gesto brusco.

Pego a estrada de volta, e minha mente fervilha de pensamentos. Por que parei exatamente ali? Por que desci do carro? Por que não continuei até o destino que havia traçado? Se eu tivesse seguido em frente, nunca teria encontrado o amigo que procurava, e minha viagem teria sido em vão. E mais, se eu tivesse chegado apenas alguns minutos depois, o parquinho estaria vazio. Eu não teria encontrado ninguém me esperando, e todo o castelo de cartas teria desmoronado, varrido por uma mão caprichosa. O castelo do destino – quem o construiu, quem o sustenta, que força o mantém em equilíbrio?

Tenho em mãos o documento legal, tão precioso para mim. O advogado ficará satisfeito.

Por muito, muito tempo, o parquinho ficou enterrado na minha memória. Depois da agitação do regresso – com o turbilhão de dúvidas, a surpresa, a excitação –, meus mil afazeres e ansiedades diárias me levaram para outro lado. Está feito, disse a mim mesmo, e logo esqueci *como* consegui fazer aquela pequena façanha impossível. As chances de encontrar o amigo, escondido entre os veranistas alpinos, eram quase nulas. Isso estava claro para mim, mas – como se costuma dizer – a vida deve continuar, e as coincidências são o pão nosso de cada dia. Por coincidência viemos ao mundo, amamos, sofremos. E sempre por coincidência, um dia, ficaremos cara a cara com o fim. Ou assim queremos acreditar. A coincidência é uma deusa terna, consoladora e protetora. Liberta-nos de muitas responsabilidades, facilita o esquecimento, faz-nos companhia dia e noite. Ela é uma amante divina, que está sempre ao nosso lado e que torna nossa existência um pouco mais suportável. Se não fosse por ela, pela Coincidência com olhos lindos e esquivos, nos sentiríamos indefesos. Teríamos de lidar sozinhos com o grande mistério do ser, sem poder escolher, todos os dias, uma desculpa diferente para existir, para amar, para odiar. Revesti a aventura do parquinho com as roupas quentes e sedutoras de Madonna Coincidência, e imediatamente tirei isso da cabeça.

Se agora olho um pouco mais de perto para aquela peripécia que ocorreu há trinta anos ou mais, a emoção mais forte que me toma é a da proximidade. É o sentido físico, inconfundível, de um corpo que me toca, do qual percebo, com a mente antes mesmo que com os sentidos, a dimensão, o volume espacial. À noite, quando ando pela sala no escuro, percebo um obstáculo um momento antes de tocá-lo. Com o mesmo imediatismo sinto, ainda hoje, a *proximidade* do jardim. Estou no carro, sentado no assento de veludo azul. À minha frente está o painel, com um design que agora me parece tão antiquado, e, bem perto à minha esquerda, além da janela, o espaço circunscrito daquele fatal *hortus conclusus*. Mesmo antes de vê-lo com meus olhos, *sei* que ele existe e que me espera. Eu *sei* disso interiormente, mas é uma sabedoria multidimensional muito concreta e tangível. Naquele momento decisivo, antes de sair do carro, o parquinho se desdobrou à minha frente em sua verdadeira amplitude. Nem muito pequeno nem muito grande, grande o suficiente para conter a cena que estava prestes a acontecer. É a fisicalidade do jardim que me levou a me mover, a agir. Se não o tivesse percebido tão claramente, se não tivesse surgido da minha consciência com o vigor das suas plantas, com os caminhos bem traçados e os brinquedos para o jogo das crianças, certamente teria continuado o meu caminho.

Foi exatamente essa vividez, a "tangibilidade" da premonição, o que ficou mais marcado daquela manhã, em que a Coincidência dançou para mim sua dança mais sedutora. Amante sensual, com suas graças voluptuosas, a deusa me atraiu para o parque de seus jogos. O amigo Mauro, que algo havia pressentido, tinha toda razão em estar com ciúmes.

Subterrâneo

A porta está entreaberta. Por engano, por distração, por hábito. Isabella acha que deveria ser mais cautelosa. Há um grande ir e vir de trabalhadores e ela ainda é uma jovem (e bonita) que mora sozinha. Ela vai até a porta de entrada, estende a mão em direção à maçaneta. Bem a tempo de seus olhos se encontrarem. O homem que se vira para ela e a examina parece um pedreiro. Não muito alto, magro, mas robusto, ele veste uma camisa xadrez azul e branca. O olhar dura um momento, ela fecha a porta, o estranho continua em direção ao apartamento ao lado. Depois de alguns minutos, além da parede, recomeçam as batidas. Isabella volta a escrever. Tem de entregar o artigo à noite. Põe os fones de ouvido e espera que a música encubra aquele maldito martelo. Fechar a porta foi de pouca utilidade. Agora é a vizinha que toca a campainha. Você pode, por favor, descer por um momento? O pedreiro tem que ver o porão. É preciso passar um cano de escoamento, uma coisa simples. Eles mesmos vão deixar tudo em ordem depois, me garantiram. Agora ela está no porão, com o pedreiro que a olhara. Isabella é gentil; o homem, discreto e profissional. Ele levanta uma pilha de caixas velhas, inspeciona a parede, faz algumas medições. Do nada, sem aviso prévio, ele começa a falar com ela:

"Senhorita, você não precisa ficar triste, mesmo que não tenha um companheiro."

Ele articula bem as palavras, com um forte sotaque da Sardenha. Isabella não sabe se deve ficar irritada ou com medo. Eles estão sozinhos, no porão do antigo prédio milanês, um verdadeiro labirinto de corredores e salas estreitas, e esse sujeito começa a falar sobre companheiros e solidão. Mas algo, no tom de voz e no olhar do estranho, a tranquiliza. Ele está calmo, olha nos olhos dela, pontua a frase sem interromper.

"Você encontrará alguém em breve, confie em mim."

Isabella esboça um sorriso. É uma boa notícia, a solidão dos últimos meses está começando a pesar sobre ela.

"Mas ele não será o homem certo", continua o pedreiro. "O parceiro de sua vida virá de longe e a senhora mudará de cidade." Seu rosto se acalma, em um sorriso cordial: "Parabéns, senhorita, parabéns! No fim, a senhorita conseguirá o que quer, também no trabalho. Terá de esperar muito tempo, mas terá sucesso, não se preocupe".

Isabella ouve, não perde uma palavra. O que aquele homem está dizendo a ela, o que ele vê, o que ele sabe? Ela não tem tempo de reagir. O pedreiro põe as caixas de volta na parede, rebobina a fita métrica, aproxima-se da porta do porão. Ele a cumprimenta com um novo sorriso, um pouco envergonhado, e sai, enquanto ela fecha o cadeado. A sessão espírita acabou, pensa Isabella. Dá de ombros, sobe de volta. Dessa vez, tranca a porta da casa com dois ferrolhos.

Alguns anos depois, Isabella se casa com um colega estrangeiro, muda-se para o exterior e finalmente consegue o emprego que deseja. O porão fica longe, a casa é alugada, Milão é um lugar para voltar nas férias.

Dez anos é muito tempo, Isabella me garante. Aquela mudança de cidade, que aparecera ao homem sabe-se lá como no estreito espaço do porão, me deixou estupefata por muito tempo. É verdade que a falta de um companheiro me incomodava, entristecia meus dias. Mas então, e ainda hoje, minha prioridade sempre foi minha carreira. E assim também entendi a previsão à minha maneira, de acordo com a ordem das minhas ambições e dos meus projetos. Por isso, ela me diz, toda vez que participei de um concurso, em algum destino distante, pensei que aquele seria o momento certo. Eu teria ganhado o emprego e teria mudado de cidade, como aquele estranho pedreiro da Sardenha havia previsto. No entanto, as coisas foram diferentes. Quando encontrei um bom emprego em Milão, disse a mim mesma que era mais uma pseudoprevisão e a tirei da mente. Então veio a partida decisiva. Tudo começou a girar rapidamente, com uma aceleração imprevisível. Eu nem tive a chance de pensar se deveria me mudar ou não. Minha existência foi transformada em questão de semanas, como se a mudança tivesse sido planejada o tempo todo. Nada poderia ser mais fácil, mais espontâneo do que me encontrar em estradas que nunca tinha percorrido, e ouvir à minha volta diálogos em uma língua que eu conhecia, sim, mas que até então só tinha falado de vez em quando, como uma estranha. Isabella faz uma pausa e, enquanto pensa, traça algo no papel. É uma praça, com uma fileira de árvores e alguns bancos. Um esboço rápido, feito com a habilidade de quem costuma desenhar e está acostumado a mostrar visualmente suas experiências, além de dizê-las em palavras. Quando me encontrei tão longe de Milão, ela me diz, muitas vezes pensei naquele dia no porão. Era verão, mas lá, no subsolo, havia muita umidade. Lembro-me de que não era desagradável, pelo contrário, porque a gente se refrescava do calor do apartamento. Aqui, em uma noite de outono, na cidade para onde me mudara, sob as árvores de uma pequena praça, senti o mesmo ar úmido. Por um momento, vi-me ao lado do pedreiro, como fizera dez anos antes. Mas não havia porão milanês ao meu redor. Apenas as crianças, que corriam depois da escola, e algumas mães, que conversavam entre si. Uma ideia passou pela minha mente. Achei que o pedreiro precisou descer ao porão para ver meu futuro. Na casa, no andar de cima, ele não poderia ter anunciado nada para mim. Não teria percebido nenhuma ondulação do tempo. Lá embaixo, no entanto, uma rajada de umidade trouxe-lhe os sons e as vozes que eu estava experimentando agora na praça. Mais de mil quilômetros e anos de distância. Existem muitos tipos de adivinhação. Com fumaça, com sombras, com papéis, com borra de café. Você vê esta praça do norte? A minha foi uma previsão no porão – garante-me – nascida da umidade. Talvez haja algum manual grego, ou talvez sumério, que ensine como extrair presságios do cheiro de umidade. Isabella ri de sua hipótese, feita de propósito para zombar de minhas ambições eruditas, como um classificador meticuloso de profecias, antigas e modernas. Uma adorável incrédula, é isso que ela é. Uma cética que se mudou para outro país e mudou de vida, *apesar de* alguém ter anunciado isso a ela dez anos antes.

Ironias à parte, essa história úmida continua martelando na minha cabeça. Em muitas histórias, o caminho que leva ao pressentimento não é feito de palavras, mas de sons, do clarão das imagens. E dos cheiros. A umidade do porão é uma promessa, um sinal tangível deixado em depósito pelo destino. Ao anoitecer, em meio aos gritos das crianças, Isabella entendeu emocionalmente a intensidade da premonição. Ela a reviveu, através da mesma sensação de frio úmido que a tomou no porão. As duas percepções sensoriais se sobrepunham, até combinarem. Ou não deveríamos dizer que a percepção sensorial é uma só, e que a precognição apenas a antecipou? A sensação de umidade, que para Isabella se repetiu, *significativamente*, em duas ocasiões. No primeiro caso, o porão úmido é o cenário para a premonição. O adivinho, neste caso o enigmático pedreiro, experimenta a mesma sensação experimentada por Isabella. Para ele, que é particularmente receptivo, a umidade é o traço para chegar ao depósito sensorial do interlocutor. Seguindo o estímulo material da umidade, o adivinho *toca* o depósito das sensações futuras de Isabella e *vê* a cena, a ambientação dessas percepções, ainda por vir. No segundo episódio, Isabella experimenta a sensação de umidade na cidade para onde se mudou, junto com "o homem que veio de longe". O sentimento a leva de volta no tempo, faz com que ela lembre e, em certo sentido, *entenda pela primeira vez* o que lhe foi anunciado. A porta da consciência se abriu duas vezes. Na primeira, foi o adivinho que a atravessou. Na segunda, é Isabella quem faz a viagem para trás e projeta o *tempo* (a praça ao anoitecer) no *então* (o porão), graças a essa sensação de umidade e luz fraca, que fala aos seus sentidos.

Prisão perpétua

Andrea e Antonio são melhores amigos. Eles estudam na mesma classe, jogam basquete juntos e quase sempre passam as tardes na casa um do outro. Os dois fazem o dever de casa, conversam, brincam, passam o tempo, fantasiam com meninas e sonham com a vida de adultos. Esta tarde, a mãe de Antonio tem que sair. Não pode deixá-los em casa sozinhos, caso contrário, quem sabe o que eles vão ficar fazendo. Isso significará que ela os levará consigo e eles ficarão quietos lendo revistinhas na sala de espera. Andrea se imagina esperando por um médico ou dentista. Não é uma perspectiva muito atraente, mas pelo menos ele poderá brincar e rir. Em voz baixa, no entanto, para não incomodar os outros pacientes. O táxi os deixa em frente a um prédio elegante, no melhor bairro da cidade. Na entrada há um porteiro de libré, e Andrea aguça o olhar para ler a placa do consultório médico. Não há sinais evidentes, apenas mármore espelhado e um elevador de madeira antiquado, com um assento de veludo vermelho. Entram em um apartamento luxuoso e um tanto kitsch, com muitos quartos privativos. Os clientes que estão esperando não desejam socializar uns com os outros. Cada um fica em seu próprio canto, com medo de ser reconhecido. Andrea e Antonio espiam o máximo que podem. Aquele sujeito gordo e de bochechas flácidas não é um político famoso? As crianças têm certeza de que já o viram na televisão, no noticiário, e não apenas uma vez. Finalmente é a vez da mãe de Antonio. A porta se abre, uma espécie de enfermeira sombria faz a senhora sentar-se no estúdio. Estúdio de quem? Os dois amigos trocam alguns olhares de compreensão, um sorriso malicioso e mergulham de volta em seus quadrinhos. Cerca de dez minutos devem ter se passado, quando sua mãe sai furiosa, pega Antonio pelo braço, puxa-o, dá um tapa nele: "Um delinquente, um homem nojento, é isso que você é! Mas eu vou cuidar de você, vou tirar todas essas maluquices que você tem na cabeça, nem que seja a última coisa que eu fizer!". Ela não para de gritar, furiosa, com os olhos cheios de raiva. Ao saírem do prédio, procurando um novo táxi, Andrea tenta entender a coisa toda. Eles podem ter feito alguma travessura juntos, mas são tontos, nada que justifique tal escândalo. Ou talvez Antonio tenha escondido algo dele, algum segredo terrível, que sua mãe acabou de descobrir? De quem, então, ela teria tido esse conhecimento? Com quem ela falou, dentro daquela sala? No dia seguinte, na escola, Antonio explica o mistério para ele. Em uma cartomante, é onde eles estavam ontem. "Minha mãe está convencida de que é a melhor cartomante da Itália", sussurra Antonio, e depois continua: "Nas cartas, ela viu que, dentro de cinco anos, vou cometer um crime terrível. Vou matar alguém, eles vão me pegar e vou receber uma sentença de prisão perpétua. Amanhã vou embora, vou sair da escola. Vão me pôr em um internato, a salvo de problemas". É uma grande notícia e também muita estupidez. Andrea está convencido de que a mãe de seu amigo é louca e que toda essa coisa de sentença de prisão perpétua soa como idiotice. Enquanto isso, Antonio desapareceu, desapareceu no ar. Retirado da aula, transferido, expatriado. Nem uma carta, um telefonema, nada. Cinco anos depois, no jornal, aparece a história de um crime mórbido, que causa tumulto no ambiente abastado da cidade. E há uma foto do assassino. Antonio confessa, é julgado, condenado à prisão perpétua.

Andrea é hoje um distinto engenheiro, de aparência robusta, ponderado. Enquanto me conta sobre aquela tarde com a cartomante, não deixa escapar nenhum comentário pessoal. Jamais uma frase que queira validar ou embelezar a história. Aliás, não há por que enfatizar essa história sórdida do homicídio. Não é uma premonição inocente, como tantas outras que recolho neste livro. É uma tragédia, que custou a vida de uma moça desafortunada e muito jovem. Na época, o caso foi um escândalo, e reencontro com facilidade o relato em um site on-line, que reúne recortes e matérias de jornal. Há uma desproporção evidente entre esses documentos de crônica policial e o antecedente que Andrea me revela. Obviamente, os jornalistas da época, em busca de notícias, teriam ficado felizes em poder contar que uma vidente havia previsto tudo com anos de antecedência. Mas ninguém lhes contou essa profecia estarrecedora, que ficou enterrada, por décadas, na memória do meu interlocutor. Um fato extremamente íntimo, que Andrea, bom profissional com os pés no chão, jamais tornou público.

A carta noturna

Já está quase escuro quando Isabella chega à velha casa de campo, uma construção antiquada, bem no alto da colina, com um parreiral que agora, em janeiro, cochila e sonha quem sabe com quais folhas novas, para se vestir na primavera. Ao sair do carro, Isabella não tem tempo para explorar o jardim. Está frio, e a neve se acumula junto ao arco de entrada. Melhor se aquecer junto ao calor do fogo; nos próximos dias, terá tempo de sobra. Horas livres para passear, escrever, fazer um balanço do ano recém-terminado, e talvez também para desembaraçar um pouco o novelo de sua vida. Uma vez lá dentro, percebe que os espaços são amplos, bem mais generosos do que aparentavam do lado de fora. O amplo salão no térreo é cercado por uma longa galeria no segundo andar, da qual se abrem várias portas. Talvez tenha sido, originalmente, um convento, construído de modo discreto. Que o prédio seja muito antigo fica evidente pelas paredes grossas, quase como as de uma fortaleza. E também pelas janelas, que mais parecem fendas do que aberturas feitas para apreciar a vista que, durante o dia, deve se estender por todo o vale. Isabella está cansada da viagem.

Na verdade, todos parecem bastante fatigados, e o jantar, que é servido imediatamente, se desenrola quase em silêncio. Um grupo de atores jantando junto sem conversas animadas é algo extraordinário. Mas, por uma vez, é bom estar ali sem muitas palavras. Estão ali para ensaiar o novo espetáculo, na casa de campo de Martino, o diretor-guru-pai--mestre-amante e, a partir de amanhã, as palavras fluirão em abundância. Por uma porta ao fundo vislumbra-se o palco, já montado em outro salão, ainda maior que o refeitório. Depois do jantar, cada um se retira para seu quarto. Um feixe de lavanda repousa sobre a mesa e a lareira envia sua antiga mensagem de luz. Isabella cai imediatamente em um sono longo e opaco, sem sonhos. As garotas estão acomodadas de um lado da casa, os rapazes do outro. Pela manhã, ao descer para o café, encontra Enrico no topo da escada. "Você terminou de escrever a carta?", a frase lhe escapa da boca sem que tenha preparado ou pensado antes de dizê-la. Enrico a olha com ar interrogativo. Tem traços finos, cabelos cacheados e fartos, e uma pele muito morena, capaz de desafiar até o cinzento do inverno. "Sim, a carta para uma mulher, que você estava escrevendo ontem à noite." Eles mal se conhecem, devem ter trocado poucas palavras, e nunca fora do teatro. Enrico agora tem uma expressão confusa. "Ontem à noite escrevi uma carta para minha mãe. Umas duas páginas. Não a vejo há algum tempo. Escrevi à mão, porque ela gosta assim. Mas você... quem te contou?" Isabella também se pergunta isso, de onde saiu aquela frase maluca. Mal a pronunciou, já se arrepende de tê-la dito. Que necessidade havia de interrogá-lo sobre a carta? Dormiu profundamente a noite toda, disso tem certeza. E também está certa de que a carta de Enrico era o último dos seus pensamentos. Perguntou apenas porque queria ter certeza. Mas certeza de quê?

Agora, os dois têm um belo nó para desfazer. Isabella e Enrico descem juntos as escadas e se dirigem ao café da manhã. A carta noturna – eis aí um ótimo tema para discussão coletiva, que empolga toda a mesa. Cada um dos amigos tem uma explicação a oferecer. O silêncio devido ao cansaço da noite anterior desapareceu. Os ensaios certamente correrão bem, e à tarde ela ainda terá algumas horas para explorar os arredores da casa. A carta, no quarto de Enrico, está pronta para ser enviada.

Os caminhos para o futuro são tortuosos. Às vezes estreitos e difíceis, outras vezes amplos e fáceis. "Inutilmente amplos", como diz Isabella, ao comentarmos a carta noturna. "Inutilmente" quer dizer que a premonição que Isabella teve, vinda sabe-se lá de onde, não lhe serviu de nada – ou quase nada. Foi uma intuição gratuita, surpreendente como uma brincadeira de criança. Um argumento curioso para comentar com os amigos por alguns minutos e depois guardar no depósito das coisas da vida. Ou será que devemos vê-la como indício de algo mais profundo? Mas de quê? A gratuidade das premonições lembra a dos sonhos – desde que não queiramos tomá-los como pistas essenciais para explorar, à la Freud, o inconsciente. E se fôssemos escavar o sono de Isabella, naquela sua noite tranquila na casa de campo, o que encontraríamos? Que rio foi esse que trouxe até ela as imagens da carta? Enrico, o "escritor", era para ela quase um desconhecido. Se a adivinhação depende de um laço empático profundo – o que é questionável –, esse caso foi claramente uma exceção à regra. Só nos resta admitir: o jogo espontâneo da visão nos irrita e nos entusiasma ao mesmo tempo. Incomoda porque nos faz pensar em todas as vezes que gostaríamos de ter sabido, de ter previsto algo, e no entanto nos vimos diante de portas teimosamente fechadas. Mas a gratuidade também entusiasma, pois nos envolve em um jogo livre, leve, involuntário, que flutua alegremente no ar. Premonições "leves", como a de Isabella, funcionam como antídoto para o sofrimento e a morte que tantas vezes pairam sobre o universo da adivinhação. Uma carta pressentida em vão? Enviem-na ao correio restante da sua liberdade – ela certamente chegará ao seu destino.

Moscas

Deve ser um hospital, embora não se saiba sua localização. Uma mulher está dando à luz. Anna vê o lençol verde que a cobre, enquanto médicos e enfermeiros a rodeiam. Deram a Anna uma poltrona em um ponto elevado, como se fosse um mezanino – lembra a parte superior de um teatro anatômico. De todo modo, é um lugar confortável, com bonitos entalhes de madeira, muito elegantes. Quando o obstetra se afasta para pegar um instrumento cirúrgico, Anna consegue ver claramente o rosto da parturiente. Reconhece-a sem dificuldade: é a funcionária do armazém atacadista ao lado da sua loja. Morena, com rosto oval e olhos profundos, Claudia é bonita e muito cortejada. Nos últimos tempos, não a viu mais no trabalho, e agora entende por quê. Um cheiro forte sobe até ela, um aroma penetrante de anestésico. As figuras lá embaixo falam baixo, balançam a cabeça. Anna não distingue as palavras, apenas um zumbido, como se fossem muitas moscas zunindo ao mesmo tempo. O som vai ficando mais forte, desagradável, ameaçador. Anna é tomada por um grande desânimo, uma sensação de luto, de impotência. Mesmo que os médicos não digam nada claramente, a garota perdeu o bebê. O zumbido das moscas desaparece. A sala cirúrgica está vazia. Levaram a maca embora, e Anna também se levanta da poltrona, com um nó na garganta.

Na manhã seguinte, antes de abrir a loja, ela troca algumas palavras com o colega, o chefe de Claudia. Conhecem-se faz muito tempo, dão-se bem, e jamais abririam mão do ritual do café juntos. "Você nem imagina o sonho estranho que tive esta noite. Sonhei com a Claudia, sua gerente de vendas, dando à luz. Mas depois teve uma complicação, e o bebê morreu." O amigo pousa a xícara e responde, pronunciando bem as palavras: "Ontem a Claudia perdeu o bebê. Sério, perdeu mesmo. Aconteceu ontem à noite. O companheiro dela me ligou chorando. Ninguém aqui ainda sabe de nada". Depois corrige-se, com um toque de amargura: "Ninguém, exceto você".

Dessa história, Anna guardou uma lembrança duplamente triste: uma memória amarga pela morte do bebê e uma sombra de tristeza pela reação do amigo. Na época, e ainda hoje, ela tem a impressão de que Francesco – assim se chama o colega – a considerou, de alguma forma, envolvida na tragédia. Ele nunca lhe disse nada, mas o fato de ela saber, de maneira inexplicável, da desgraça antes que se tornasse pública parece tê-la marcado negativamente. Uma profecia de desgraça quase sempre tem um custo para quem a anuncia. O núcleo sombrio de uma morte, de um acidente, de uma perda, tem uma força contaminante, que atinge também quem simplesmente *viu* antes dos outros. Anna dá de ombros. "*Ver* não é um dom nem uma profissão. Às vezes acontece", me diz, "só isso."

A ULTRAPASSAGEM

Ao longo da estrada, as copas das árvores parecem grandes velas desfraldadas, austeras, orgulhosas. Lisa as admira de relance enquanto segue em direção ao mar. Na manhã daquele fim de fevereiro, o anel viário está mais vazio que o habitual, e em poucos minutos ela estará no trabalho. Está contente com o sol morno e grata por ter um emprego, dadas as circunstâncias. Pouco antes da praça Mancini, sente uma pontada – um espasmo agudo, como se alguém lhe cravasse um pedaço de vidro no flanco. Um instante antes estava perfeitamente bem, agora sente que vai desmaiar. A segunda fisgada é ainda pior. Com as mãos suando, ela se agarra ao volante, reduz a velocidade e encosta o carro. Com um solavanco, o veículo para, e ela salta para fora, sem sequer olhar se há outros carros passando. Falta-lhe o ar e um zumbido fino toma sua cabeça. Os espasmos se repetem com mais frequência. Ao redor, tudo silencia – pessoas, carros, o mar, a cidade inteira parece calar-se. Mesmo que a cidade continue se movendo, o faz em completo silêncio, sem que ninguém emita o menor som. Um carro a ultrapassa velozmente: é um Fiat 850 verde-escuro, com o nome cromado ao lado da placa. Lisa grava essa imagem, sem conseguir ver o motorista. Vê o carro derrapar para a esquerda, bater no canteiro central e se chocar contra uma árvore. No exato momento do impacto, sua dor desaparece. Os espasmos cessam, o zumbido some, os sons voltam. Lisa retorna ao seu carro, e a cena se repete: outra Fiat 850 a ultrapassa em alta velocidade e desaparece na curva. Ela ouve a freada brusca e o estrondo do acidente. Ao fazer a curva, vê o mesmo carro verde, amassado contra a árvore, exatamente como antes. Percebe então que, na primeira vez, viu algo além do seu campo de visão. Estava à beira da estrada e não poderia ter enxergado o que acontecia além da curva. Mas o acidente ocorrera uma única vez, não duas. O que ela viu, enquanto era tomada pelas cãibras? E onde? Seu primeiro pensamento é: e se não tivesse parado por causa da dor? Provavelmente teria sido atingida pelo carro desgovernado, e agora, junto à árvore, estaria também ela.

Lisa não desce para prestar socorro; está abalada demais para se aproximar. Pelo retrovisor, vê outros motoristas parando, gente correndo até os destroços. Pouco depois, ouve uma sirene se aproximando. Lentamente, muito lentamente, Lisa dirige até o trabalho. As árvores mal se agitam com o vento, e o sol de fevereiro lhe faz bem, trazendo algum alento.

"Cãibras assim eu nunca tinha tido. E nunca mais tive nada parecido depois." Eu acredito nela, naturalmente, mas me pergunto em que zona do seu ser se desenvolveram aquelas percepções. "Elas desabrocharam dentro de mim", me responde, "como uma flor má, espinhosa." Salva por uma flor má, Lisa é uma mulher de sorte. Está convencida de que, se não tivesse sido obrigada a parar por causa da dor, o Fiat verde, desgovernado, teria batido nela e, talvez, a tivesse matado. Mais que uma premonição, teria sido talvez uma proteção dirigida a ela? Quem a enviou, e por quê? Forças amigas, energias adversas – corre-se o risco de que se escancare diante de nós um vasto mundo de influências invisíveis. Prefiro me retrair, voltar ao teatro da alma que, ao menos um pouco, se tornou familiar. Diante dos olhos de Lisa, o acidente foi encenado duas vezes. Deixemos de lado o *porquê* e nos concentremos no *como*, pois é justamente esse *como* que constitui o mistério da adivinhação. O primeiro acidente, o *imaginado*, uniu para Lisa percepções sensoriais – as cãibras – e visão mental. O segundo, ao contrário, o choque *real*, Lisa o ouviu acontecer e depois viu as consequências, sem estar, no entanto, diretamente envolvida. Dor efetiva no evento mental, e percepção à distância, sem dor física, no evento real – esse é o balanço daquela manhã, ao menos no que lhe diz respeito. Visão interior e realidade se entrelaçam, se confundem, se repelem. Uma premonição dolorosa, uma desgraça sem dor, Lisa é uma mulher de sorte.

O eclipse

No começo é um jorro de luz. Paula sente o calor ao seu redor, nada entre os raios quentes, no mar de agosto. Gotas de claridade a molham, tornam sua pele transparente. As ondas se aproximam, se afastam, vêm em sua direção. Vê a si mesma avançar veloz. A imagem se desfoca, pela força de suas braçadas e pela espuma. Mas é só um instante, e logo sua silhueta volta a ficar nítida. Observa-se à distância, de fora, e ao mesmo tempo sente a energia que percorre seu corpo, percebe a pressão da água em suas pernas, o tórax se expande e se contrai ritmicamente. Está tanto fora quanto dentro de si mesma, próxima e distante, parada e em movimento, e essa dupla percepção lhe dá uma grande sensação de domínio, de completude. Quando percebe que está escurecendo, a margem já está muito distante. Talvez tenha adormecido, se afastado demais, e agora corre o risco de pagar pela sua distração. Quanto mais se esforça para voltar à costa, mais esta se retrai. Nunca vou conseguir, pensa, e começa a lutar para acordar. Depois entende a que se deve seu mal-estar. Não é ela que se moveu, é a luz que está mudando, tornando tudo diferente, impossível. Levanta os olhos e percebe que no meio do céu brilham três sóis. Os dois das laterais são menores, enquanto o terceiro, no centro, os supera em tamanho e brilho. Mas consegue observá-los apenas por um instante. Mal os avistou e já não se veem mais. Uma sombra espessa desliza da esquerda para a direita, como uma cortina de teatro. Ouve o sussurro da escuridão que encobre, um após o outro, os três sóis. Nunca viu um eclipse assim, estendido como um pano de um lado ao outro do horizonte. Finalmente consegue acordar. O quarto está escuro, exceto por uma luminosidade amarelada, que se infiltra entre as duas pesadas cortinas puxadas diante da janela. Há um silêncio profundo. Devem ser três ou quatro da manhã, quando até os últimos notívagos já voltaram para casa. Tenta voltar a dormir, mas o mal-estar que a oprime é tão intenso que a obriga a se levantar. O espelho captura seu rosto. Paula está cansada, desorientada. Em algum canto ainda lhe resta a impressão do calor e do movimento, que tanto a entusiasmaram no início do sonho. Quando volta para debaixo das cobertas, agarra-se àquela luz, para se reconciliar com o sono, para afastar o desamparo que o eclipse provocou nela. Passaram-se dois ou três dias, quando a chamam para avisar que dois de seus amigos – belos, jovens, imprudentes – morreram na noite anterior. Um acidente de carro, dizem que foi culpa deles, talvez tivessem bebido alguma coisa. Mas não muito. Não muito, não muito – ela repete isso obsessivamente, enquanto os vê diante de si. Insolentes de vinte anos, que não tiveram tempo de sossegar, de criar juízo. No dia seguinte, outro luto, ainda mais próximo. Tinha imaginado a morte do avô muitas vezes. Mas agora que chegou, parece-lhe uma grande injustiça. Ele estava razoavelmente bem, apesar do diabetes e de outros mil achaques. Parecia estável, sereno, em equilíbrio na roda da velhice. Dois sóis pequenos e um maior. Seus amigos e o avô morreram quase ao mesmo tempo. Uma cortina de teatro os encobriu, um pano negro, espesso, sufocante.

Uma premonição múltipla, a de Paula. E uma premonição precisa. Os dois sóis menores são os dois amigos, o maior é o avô, não apenas mais velho, mas também mais próximo e querido por ela. Que o eclipse possa ser um sinal de morte é algo intuitivo. Notável é o movimento de cobertura, que transforma o fenômeno astrológico em uma verdadeira representação onírica. Alguém diz que, nos sonhos, não se pode jamais ver o sol. Pode ser que não se veja um só. Três sóis ao mesmo tempo, Paula tem certeza de que os viu, mesmo que tenham desaparecido logo, cedo demais.

A LINHA VERMELHA

A próxima é Palestro. Cinzia se levanta e começa a se mover em direção à saída. O vagão está meio vazio, mas ela não gosta de ter que se apressar no último minuto. A garota ao lado da porta tem dois vistosos fones de ouvido laranja. Exagerados, divertidos, lembram o elmo de um cavaleiro medieval. Um cavaleiro techno, com batom preto nos lábios e um pesado colar de prata. A garota está pronta para a guerra. Agora é a vez dela de descer. Passa por ali duas vezes por dia, cinco dias por semana, onze meses por ano. Ou quase, excetuando as faltas por doença, greves, feriados prolongados. E claro, excetuando-se agosto. Ela conhece cada canto daquela estação. O corrimão vermelho a traz de volta à superfície. Tudo é vermelho, naturalmente, na linha vermelha do metrô, que pensamento bobo lhe veio. Está com vontade de tomar um chá. Ou talvez fosse melhor ligar para alguém e sair para um drinque. Ainda há muita luz, e muita gente na rua. É ali, na calçada, que o envelope surge diante dos seus olhos. Um envelope alongado, de papel pardo. Faz tempo que não vê um assim, parece uma raridade. Mas o enxerga perfeitamente, como se estivesse na sua mão. Só que suas mãos estão vazias, e não há razão para imaginar um objeto daquele tipo. Agora consegue decifrar o endereço. É o dela, o de casa. Até a caligrafia é nítida, reconhecível, familiar. Cinzia apressa o passo. Se pudesse, começaria a correr. Não é necessário, ela já está diante da caixa de correio. Nunca a abre, nem sabe se ainda tem a chavezinha no chaveiro. Normalmente, é o porteiro quem recolhe a correspondência, e, além disso, ninguém escreve para ela. Tirando o banco e os seguros, quem usa o correio tradicional? Achou a chave, e encontrou também o envelope pardo, ali esperando, no meio da habitual propaganda inútil. Ela já não pensava mais em Giorgio. Esperou uma ligação dele por meses e meses. Uma explicação, um porquê, não chegou nada, absolutamente nada. Depois se resignou, se conformou. Mas não esqueceu. Um envelope pardo e duas folhas escritas até as margens. Não é a explicação que esperava, mas, ainda assim, é alguma coisa, uma voz abafada, distante, a voz dele. Prepara o chá e apoia a xícara ao lado da carta. Relê as duas folhas, uma, duas, três vezes. Agora já é tarde demais para o drinque.

Quantas cartas Cinzia recebeu? A primeira, ela viu enquanto saía do metrô; a segunda, encontrou poucos minutos depois, na caixa de correio. E qual das duas mensagens foi entregue primeiro? Pensando bem, deveria ter chegado primeiro... a segunda carta, aquela "verdadeira", que Cinzia pegou com as mãos no saguão de casa. A menos que o carteiro tenha chegado justamente enquanto ela descia do vagão, e que, portanto, as duas mensagens tenham sido "entregues" no mesmo instante. Até aqui, a sucessão ordenada das hipóteses. Ordenada e enganosa, se for verdadeira a regra principal deste livro, aquela que prescreve o contínuo revirar dos tempos. Duas cartas, uma só, talvez até três – uma imaginada, outra entregue e a terceira desejada. Cinzia não sabe resolver essa trama. E também não se importa. A mensagem, pela qual tanto esperava, não mudou sua vida. Um amor terminado não se reabre com duas folhas escritas à mão. "A premonição da linha vermelha", como ela a chama enquanto me conta, talvez essa sim tenha lhe ensinado algo. "Ele me mostrou a marchetaria", me diz, "a marchetaria da minha mente. Como uma mesa antiga, de azulejos coloridos. Cada pedacinho tem um nome. Só o artesão que os dispôs, esses azulejos, é que eu não sei como se chama."

Cheiro de cera

Depois de tantos anos, Paula finalmente regressa à casa de sua infância. É uma longa viagem, de Milão a Amsterdã e, depois, da Holanda até o outro lado do oceano. Sentada ao lado do pai, ela tem tempo de sobra para conversar sobre tudo e mais um pouco, contar-lhe sobre o trabalho e os amigos, ouvi-lo enquanto se perde nas memórias e na saudade da mãe. Quando se preparam para o pouso, a luz do verão entra pela janela. Lá está ela, a luz dos seus primeiros anos, forte, embriagante, incontrolável, tão diferente daquela, gentil e um pouco opaca, à qual teve que se acostumar na Itália. A grande vila, na periferia de San José, está idêntica à forma como a deixou. Apenas as plantas no pátio desapareceram. Com seu emaranhado de grandes folhas carnudas e flores flamejantes, eram o orgulho da sua mãe, e desapareceram depois dela. Todo o resto foi polido para a ocasião, pronto para receber a "senhorita" Paula, que chega da Europa. Ela percorre os cômodos, abre uma porta atrás da outra, olhando ao redor para reviver os rostos, gestos e vozes de então.

No escritório, no final do corredor, sempre esteve uma grande estante de madeira escura, com vidros foscos e as lombadas dos livros gravadas em dourado. De todos os cômodos da casa, este é o mais secreto para ela. Quando era criança, era absolutamente proibido abrir as portas e tocar nos livros. Ela ainda não sabia ler, mas os blocos coloridos de couro e papel a atraíam irresistivelmente. Morria de vontade de brincar com aqueles bonecos sem cabeça, com a barriga cheia de enfeites, que podiam falar sob comando. À noite, o pai e a mãe pegavam um dos bonecos, sentavam-se na poltrona e ficavam olhando para ele por horas. De vez em quando, começavam a falar. Diziam que estavam lendo em voz alta, e depois comentavam juntos o que tinham acabado de dizer. Mas, para Paula, eles estavam enganando-a. Era o boneco que imitava a voz deles e contava sobre as viagens que fez quando ainda tinha cabeça, as cidades que visitou, as doenças que teve. Enquanto ela tinha que ir para a cama, a mãe e o pai continuavam a conversar com os bonecos. No começo, suas conversas chegavam até o quarto dela, mas depois ela não ouvia mais nada, porque adormecia. Pela manhã, quando ela se esgueirava até o escritório, os livros estavam novamente fechados atrás dos vidros, em perfeito silêncio, como se dormissem de dia e acordassem à noite.

A grande estante está ali, no seu lugar, impassível, com os volumes em perfeito estado, e, em frente, duas poltronas de veludo bege, separadas por uma mesinha de estilo império. Assim que atravessa o limiar, Paula é recebida por um cheiro doce que lhe lembra comida estragada. Por mais que procure, não encontra nada fora do lugar. No corredor, não há nenhum cheiro desagradável, apenas o perfume discreto dos móveis antigos. Mas bem ao lado da estante, o olfato a incomoda, forçando-a a sair o mais rápido possível. Deve dizer à criada para lavar o chão com desinfetante, pensa, enquanto fecha a porta atrás de si. O grande evento das suas férias é o encontro com a avó Teófila, a matriarca da família. Austera, solitária, imperiosa, a avó nunca quis se mudar para a capital. Mesmo depois de ficar viúva, continuou a comandar com mão de ferro a propriedade da família no norte do país. Paula se lembra das viagens de jipe para visitá-la, ao longo de um caminho cheio de curvas que sempre a fazia passar mal. Mas no final de tanta tortura, lá estava "abuelita" Teófila para recebê-la, ereta como um pau e elegante, com suas roupas fora de moda. Partirão amanhã com o pai para a finca, e Paula já imagina, depois dos intermináveis sacolejos e da poeira da viagem, a alegria de rever a avó e ouvir suas histórias, cheias de amores, traições e vinganças. Uma ligação telefônica, tarde da noite, bagunça seus planos. A avó não está bem, e isso já é uma novidade, pois sempre teve uma saúde exemplar. Contudo, ainda mais surpreendente é ela ter decidido vir a San José. Para fazer exames médicos, diz, sem especificar onde ou por quê. Na noite seguinte, o carro antiquado da avó está estacionado em frente à casa. Ela veio acompanhada pelo motorista de sempre, que Paula se lembra sendo robusto e ousado, e que agora também é um velho senhor, encurvado pelos anos. "Abuelita" Teófila não está a fim de conversar. Ela mal os cumprimenta, abraça Paula e logo pede para descansar. No entanto, recusa veementemente o belo quarto preparado especialmente para ela. Diz que quer ir para o escritório, que lá se sentirá à vontade, como se estivesse na sua finca. Ninguém entende por que ela prefere se enfiar ali, mas as ordens da avó não se discutem. E assim, após um grande vaivém de móveis, movidos para lá e para cá pelo corredor, a avó se deita justamente em frente à velha estante. Na mesinha, ao seu lado, ela pediu apenas uma jarra de vidro, cheia de água, um copo e uma foto da mãe de Paula, jovem, elegante, com um fio de pérolas no vestido azul. Perto da manhã, antes de o dia raiar, Paula se aproxima da sala para ver se a "abuelita" ainda está dormindo. Ela já não consegue mais dormir, acordou sobressaltada, depois de algumas horas de sono agitado. Deve ser o fuso horário, pensa, enquanto abre ligeiramente a porta pesada do escritório. Ao redor da cama improvisada da avó, os lombos dos livros parecem sentinelas silenciosas. Os bonecos de antigamente cresceram. Agora são soldados, mas ninguém sabe exatamente o que estão vigiando. Paula se aproxima da avó, toca-lhe a mão. Então a balança um pouco mais forte. Uma, duas vezes. "Abuelita" Teófila não se move. O braço está rígido, o corpo pesado. A avó veio morrer ali, na biblioteca da vila de San José, depois de quase cem anos passados na sua finca no norte. Não há nenhum cheiro na sala, apenas um leve perfume de cera.

O futuro pode ser visto com antecedência. Às vezes é possível ouvi-lo, em outras ocasiões é possível tocá-lo. Durante seu retorno à casa da infância, Paula percebe um cheiro premonitório. O que se revela para ela é um cheiro-lugar, um marcador colocado pela morte, no exato ponto onde, em breve, sua amada avó irá falecer. Quando a *abuelita* Teófila morre, ao seu redor já não há mais nenhum cheiro. Não é mais necessário, Paula compreende. Agora, o que resta a ela é viver a perda.

King David

O terraço do King David, ou nada. Não se pode dizer que Malka não tenha as ideias claras. Ela pode se dar ao luxo, naturalmente. E, além disso, a amizade delas merece isso. Mesmo que na cidade já existam hotéis mais caros e luxuosos, o King David ainda conserva um charme especial. Aberto nos anos 30 do século passado, foi destino de monarcas e diplomatas, palco de um dos atentados mais dramáticos da história do Mandato Britânico da Palestina, o grande e maciço quadrilátero domina uma das vistas mais bonitas de Jerusalém. A Cidade Velha, com suas muralhas peroladas, perfuradas pela luz, o jardim de rosas e palmeiras, a ilusão de que o tempo desacelerou, quase parando. Difícil imaginar uma moldura melhor para o encontro delas. Faz anos que não se veem, e a ocasião merece ser celebrada de forma digna. Pouco importa que toques irritantes de celulares estraguem, de vez em quando, a atmosfera. O almoço na terraço logo se enche de confidências, planos, recordações. Quando Ester chega, ofegante pelo sol de maio, Malka já está esperando na mesa. Elegante como sempre, com aquele sorriso levemente melancólico. Não há nada a fazer. Mesmo que os olhos, de um azul-esverdeado, se abram serenos e convidativos, uma pitada de tristeza a acompanha desde sempre. É só um sopro de nostalgia, quase imperceptível, que atrai e perturba. Os homens sabem disso, eles que a acham ainda sedutora, mesmo agora que já passou dos setenta, e as mulheres também sabem. Diante de Malka é difícil fingir. Mais cedo ou mais tarde, seu olhar, doce e autoritário, traz a verdade à tona, suga-a da alma, a desnuda, a contempla. Ester não tem nada a esconder da sua amiga do coração. Só pequenos problemas, algumas ansiedades sobre o trabalho. Os filhos que crescem, que se afastam do ninho, como é natural, embora doa um pouco aceitá-lo. Roma, a Itália, parecem tão distantes, vistas daqui, julgadas pela agitação de um país mais jovem, inquieto, às vezes impiedoso. "E você, Malka, como se sente na sua nova vida? Você deu adeus a Nova York, a um trabalho amado, à agitação de mil encontros. Agora está finalmente aposentada. Seus filhos são homens e mulheres feitos, e você pode desfrutar da Terra de Israel. O 'aliyah' sempre foi seu sonho", lembra Ester. "Você está feliz? O que pensa, como se sente agora que realizou esse sonho?" Em vez de responder, Malka a observa por um momento em silêncio. Depois levanta os olhos. Ester tem a impressão de que Malka está olhando para um ponto atrás dela, em direção às antigas muralhas. "Você também virá para cá", diz Malka com uma voz suave. "Antes do que pensa, farão uma oferta que você não poderá recusar. Você voltará para Israel, onde já passou muitos anos, e desta vez terá um papel importante em uma organização judaica." Ester a escuta, deixa-a falar. A voz de Malka sempre lhe agradou, com aquele inconfundível sotaque de Nova York. É o mesmo tom de muitos dos seus conhecidos que moram no Upper East Side. Quem sabe por que hoje ela usa um tom enigmático, como se visse o futuro? Não lhe ocorre que alguém, neste momento, queira lhe oferecer um trabalho aqui. E depois, todas as suas energias agora estão voltadas para projetos na Itália. Ester tem um lampejo de intuição. Malka está expressando um desejo próprio. É ela que a quer por perto, e não só para uma visita de alguns dias. Ester acha isso comovedor, esse esforço da amiga aposentada de abraçá-la nos seus pensamentos e brincar de adivinhação, tentando convencê-la a se mudar. O garçom interrompe. Chegou a hora da sobremesa. Sem olhar o cardápio, ambas pedem a mesma sobremesa, "Amêndoas, uvas e zabaglione". Exatamente isso, um zabaglione em Jerusalém, algo que não se pode recusar. Malka retoma a frase, ainda tem algo a dizer. "Você não virá logo, terá que adiar sua posse. No próximo inverno, haverá uma grande crise sanitária na Europa, e a Itália será o primeiro país a ser atingido." Agora Ester olha para ela estupefata. "O que significa uma crise sanitária?" Tudo bem, terrorismo, queda da bolsa ou qualquer outro acidente imprevisível. Mas uma crise sanitária, não estamos na Idade Média, com a peste e os lazarentos. Malka percebe que foi longe demais e sorri tranquilizadora. "Não, não se preocupe, tudo vai ficar bem." Ela faz um gesto com a mão no ar, como se afastasse o medo. "Tudo bem, fique tranquila. Vai ver, no fim você conseguirá vir."

Foi um almoço maravilhoso, apesar do imprevisto. Ou talvez por isso, por essa tentativa ternamente feita por Malka de apresentar a ela um futuro juntas, o dia ficará para sempre gravado na sua memória. Ela se sentiu muito próxima da amiga, como nunca antes.

Malka morreu em novembro de 2019, poucos meses depois desse último encontro. Em janeiro de 2020, Ester recebeu uma oferta de Israel. No fim de fevereiro, quando a pandemia estourou, ela pegou o telefone e ligou para Harry, o filho de Malka que vive no Brooklyn. Assim que ouviu a voz do homem do outro lado do oceano, sentiu vontade de desligar, tal era seu constrangimento. Depois se fez de forte. "Sabe, Harry, preciso te contar uma coisa sobre sua mãe. Acho que você deveria saber. Em maio do ano passado, em Jerusalém, Malka me falou sobre uma crise sanitária na Europa. Entende? É loucura, como ela sabia disso?" Harry a ouviu em silêncio. Sua resposta foi simples, sem hesitações: "Não me surpreende", disse ele. "Ela nunca mencionou isso para nós, mas muitos anos atrás, em um sonho, ela viu o que aconteceria aqui. Acredite ou não, minha mãe sonhou antecipadamente com a queda das Torres Gêmeas."

Se Ester esperava ser contrariada, se esperava que Harry duvidasse da previsão da mãe, estava muito enganada. Malka, a profetisa? Não, apenas uma senhora gentil, sorridente, um pouco melancólica. Seu pai fora um grande rabino, que conseguiu escapar da Lituânia ocupada pelos nazistas, com uma viagem rocambolesca pela ferrovia Transiberiana. Muito das origens orientais ainda permanecia dentro dela. Uma energia, uma piedade, uma nostalgia, algo que se percebia intuitivamente.

Ester está prestes a partir para Israel. Mas, ao terraço do King David, sozinha, ela não tem a menor vontade de voltar.

Refleti por muito tempo antes de transcrever esta história. Muitos de nós estão dispostos a aceitar pequenos pressentimentos, relativos a fatos privados que interessam apenas a quem os vive. Mesmo para os mais céticos, aceitá-los ou não aceitá-los não significa realmente questionar a estrutura da convivência cotidiana, a normalidade e a razoabilidade, às quais, com razão, damos tanto valor. Mas uma senhora aposentada que prevê o Covid-19 com meses de antecedência, enquanto conversa com uma amiga na varanda de um hotel exótico, não seria um pouco demais, até para os ouvidos mais benevolentes? Decidi correr o risco. É um pouco demais, claro. Mas também é o "demais" que estamos buscando juntos. Nosso "demais" cotidiano, as zonas sombrias, impossíveis, improváveis, que de vez em quando cruzamos, por acaso, distraídos, sem perceber.

Conheço há décadas a amiga que me contou o episódio. Ela é uma pessoa profunda, serena, concreta. Enquanto evocava o ocorrido, parou várias vezes para refletir, a fim de escolher a palavra mais adequada. Tive a impressão de que ela estava constantemente retornando à cena, para ter certeza de transmitir também visualmente os detalhes, os tons, as pausas. Eu estava certo, o que ela me descrevia havia realmente acontecido. Mas *o que* havia acontecido? De onde vinha a intuição de Malka? E tinha sido realmente uma premonição, ou era mais simplesmente a projeção de um desejo interior dela, o impulso generoso de querer uma amiga finalmente perto de si? A explicação psicológica poderia talvez se aplicar à parte pessoal da previsão, aquela em que Malka havia previsto a oferta israelense a Ester. Mas a outra face da profecia, com a doença que abalaria tão profundamente todos nós, como explicá-la? E aquele detalhe sobre a Itália, que seria tocada em primeiro lugar, por que Malka sentiu necessidade de acrescentá-lo? E, além disso, em outra ocasião, ela havia sonhado antecipadamente com o atentado às Torres Gêmeas, o que só complicava a questão. Seria mitomania, um engano, ou pelo menos uma série de mal-entendidos grosseiros? Ou Ester havia experimentado um fenômeno real, mas inexplicável, a ser rapidamente colocado entre os absurdos do cotidiano?

Há um aspecto que continua a me intrigar. É a morte de Malka, ocorrida em um momento intermediário, quase à mesma distância entre os dois extremos da história. Uma morte inesperada. Ester me confirma que a amiga tinha alguns problemas de saúde, mas em maio de 2019 parecia estar em boa forma, cheia de vida. A previsão de um evento que ultrapassa os limites da experiência biográfica da pessoa que a faz é um caso particular, uma anomalia no vasto domínio da adivinhação. Se Malka realmente viu uma projeção do futuro, certamente não se tratou de algo originado pela sua experiência de vida. Aquela pandemia, que nos angustia tão profundamente até hoje, Malka não a vivenciou, não pôde senti-la. Ester me olha atentamente enquanto eu recordo esse fato irrefutável. Sua expressão é triste, interrogativa. Percebo que a magoei. Eu discuto sobre a morte da sua amiga, enquanto ela sente dor, como se fosse um corte vivo na pele. Só me resta pedir desculpas. E enquanto busco as palavras para fazê-lo, percebo o contínuo entrelaçar de profecia e morte. Como se a primeira estivesse frequentemente, e demais, atada à segunda. Como se a névoa que envolve o futuro, a cortina espessa que o adivinho consegue abrir por um momento, fosse o resultado de um turbilhão incessante, ao mesmo tempo vital e lúgubre. Sem morte não há profecia. Somente no abismo do limite, do fim, é possível adivinhar o mundo.

Em Ester. Na alma, no sangue, na mente de Ester. Aqui é onde Malka viu a pandemia. Naquele dia, no King David, era Ester quem carregava dentro de si a Itália dobrada sobre as vítimas, a dor, o pânico diante de uma situação inaudita. E pouco importa se ela não estivesse consciente disso. "Cenas da Idade Média", pensou imediatamente, quase zombando da previsão da amiga. Para ela, para Ester, o espaço das suas experiências futuras estava naquele momento fechado. Para Malka, no entanto, graças a uma misteriosa exceção mental, a porta se abriu. Seus olhos azul-esverdeados viram claramente. E entenderam, a ponto de poderem descrevê-lo com precisão. Sob essa luz, até mesmo a referência à Itália ganha um novo significado. A perspectiva biográfica dos eventos era a de Ester. E para ela, presa em Roma pelos contágios, o caso italiano era naturalmente central. Eu deveria ter escrito "seria central". Mas não o fiz, escolhi o "era", para sinalizar a simultaneidade. Quando Malka vê, a explosão da pandemia já está em curso, registrada nas emoções de Ester. A visão da adivinhação "entra" em ressonância com os eventos preconizados. E o faz por meio de uma passagem direta, uma porta imaterial e inconcebível, que se abre para as percepções do adivinhado, apenas por um instante, apenas para ele.

O fato de Malka não ter podido viver o Covid-19 não muda em nada o mecanismo divinatório. Na verdade, parece até confirmá-lo. Sua previsão, de fato, se baseia na vivência da amiga Ester, que estava diante dela, e que serve como reservatório do futuro. A vida vindoura é a de Ester. Seu o destino, ao qual a doença mundial se agarra como uma hera sufocante. "Fique tranquila, tudo vai ficar bem", garante Malka. Vai ficar bem para Ester, como já se pode ver, ao perceber nas sensações e representações mentais guardadas no seu interior. A porta da alma permanece aberta por um momento. Basta um sopro de vento, um suave ruído, e ela se fecha. Malka não pôde compartilhar a vida de Ester neste fatídico 2020. Ela a viu, essa vida, a descreveu, a retratou com um ano de antecedência. E então se despediu com discrição, como convém a uma senhora tranquila, sorridente, um pouco melancólica.

A Hora Escura

Nem todas as escuridões são iguais. Existe um preto noturno, denso, riscado por uma escuridão ainda mais profunda. E existe o lento empalidecer da luz do dia, que se transforma, dócil, rumo à noite. A língua italiana usa uma velha e gentil palavra, *imbrunire*. Ao anoitecer, as cores não se apagam todas de uma vez. Elas escorregam lentamente por uma encosta suave, nem tão íngreme assim. Só no último instante nos damos conta de que já é tarde demais para detê-lo, esse marrom cada vez mais escuro. Ele tomou tudo para si, árvores, rostos, ruas, e está decidido a permanecer o senhor de tudo isso por horas e horas, único protagonista da criação. Enquanto escrevo, ao meu redor caiu a longuíssima noite do Norte. Em Berlim, nestes dias, começa a anoitecer por volta das três da tarde. É um contrapasso austero às intermináveis jornadas de verão, e uma oportunidade de parar e se maravilhar. Maravilhar-se com o fato de que esse lento, sutil desaparecer das cores não apaga para sempre também os pensamentos, os amores, os desejos. Ao contrário, a longa noite, por mais fria e silenciosa que seja, pode ser a melhor aliada para compreender e para *ver*. A hora escura de que falaremos, e que é tão importante para apreender a adivinhação, é esta do *imbrunire*. Os alemães a chamam *Dämmerung*, uma palavra com duas faces e uma única alma. A *Dämmerung* não se limita, como o italiano *imbrunire*, ao entardecer, mas indica também a aurora. Sempre que a luz muda, troca de pele, liquefaz-se do escuro ao claro e do claro ao escuro, é sinal de que a *Dämmerung*, deusa das transformações, impõe sua soberania. E é precisamente por isto, pelo domínio da metamorfose, da transição, que o adivinho precisa de um simbólico anoitecer ou de um alvorecer, para *ver* a expansão do tempo. Vê-se melhor onde a visão é mais difícil; compreende-se melhor quando a compreensão é mais árdua, esta é a norma da mântica, da premonição, da transgressão temporal. O paradoxo tem uma explicação intuitiva. São os sentidos e a cotidianidade da visão que precisam ser suspensos, para que uma outra, diferente visão possa se desdobrar plenamente. Pensem no sonho e em seu imperioso exclusivismo. Quanto mais os sentidos estão atentos, quanto mais as tarefas e as apreensões do dia a dia nos pressionam, mais difícil será sonhar, nem de olhos abertos, nem, muito menos, de olhos fechados. Se não conseguimos nos "desligar" das angústias e excitações da vigília, não conseguiremos adormecer. E sem sono, não virá nem o dom nem o fardo do sonho. A adivinhação, que muitas vezes habita os sonhos, que os roça e os acaricia, tem o mesmo caráter intransigente, as mesmas exigências. Ou se abraça essa visão "outra", busca-se sua proximidade, deseja-se sua intimidade, ou ela se perde, talvez irremediavelmente. Ou se vê à luz do dia, e se compreende literalmente. Ou se escolhe o *imbrunire*, mergulha-se nas suas cores fluidas, fugitivas.

Imaginem uma escala graduada, com duas séries paralelas de marcas, ambas variando de zero a cem. A primeira série mede o coeficiente semântico; a segunda, o nível de energia criativa. Tomemos uma afirmação "normal", de conteúdo explícito, puramente informativo: "O trem está atrasado quinze minutos". Podemos atribuir a essa frase, que provavelmente escutamos com irritação, um grau "100" de semanticidade. Entendemos perfeitamente o que quer dizer e nos resignamos à espera. É verdade que o atraso pode aumentar, mas presumivelmente seremos informados por uma nova mensagem. Na escala da criatividade, no entanto, o resultado será "0", ou pouco mais. O espaço criativo que o anúncio do atraso nos deixa é quase nulo. Dez minutos, não cinquenta. Minutos, não horas. Hoje, não amanhã. Se estivermos na Itália, provavelmente surgirá um toque de ironia, e seremos tentados a receber a afirmação com o habitual e atávico ceticismo: "Se dizem quinze minutos, serão pelo menos vinte", ou algo assim. Imaginemos, então, que estamos em uma estação ferroviária suíça, e o resultado será: clareza semântica "100", criatividade "0".

Escrevemos a frase em um papelzinho, só para matar o tempo, e começamos a rabiscar as letras: "O trm esta atrsd 15 mintos" [em italiano, *I lt renoè inri tar dodil, 5, min-uti*]. A compreensibilidade despencou, sem dúvida, mas começamos a nos divertir.

Vem à minha mente o *titulus crucis*, INRI, e depois a palavra hebraica *dodi*, "minha amada" / "meu amado", cifra emotiva do *Cântico dos cânticos*. Outros farão associações diferentes – talvez uma data de nascimento, um apelido, um diminutivo carinhoso. A avaliação geral da transformação? Digamos "30" em semântica e "60" em criatividade. Rabiscamos mais:

"sotunim 51 odasarta átse mert O".

Se você tiver um espelho, podemos tentar endireitar a escrita, senão deixemos a mente livre para vagar como quiser, em busca de *algo mais*. Havia um trem, um atraso, alguns minutos de espera. Agora estamos sós, nos perdemos – ou estamos em busca, ou encontramos algo que nos importa mais do que essa bendita estação suíça. Valor semântico? "2", "1" ou até "0". Coeficiente criativo? Sendo rigorosos, "80", ou por aí. Pena: o trem realmente chegou, temos que embarcar. Mas guardem o papelzinho rabiscado, nunca se sabe.

Uma escala semelhante vale para qualquer processo de abstração e desagregação simbólica. É evidente que o adivinho vive normalmente no mundo dos trens que chegam pontualmente ou com atraso, e que prestam seu serviço em tempos e lugares estabelecidos. Nenhum trem normal é ao mesmo tempo pontual e atrasado, em Lugano e na Basileia. Caso contrário, nem o mais experiente dos videntes conseguiria embarcar e sentar no lugar reservado. Mas se esse passageiro-vidente deseja ver a interseção e o ondular dos tempos, se quer que os lugares se sobreponham, é indispensável que ele pegue seu papelzinho, real ou metafórico, e comece a mover, permutar, inverter. Aí sim, de permutação em permutação, de metamorfose em metamorfose, o trem do *depois* viajará junto com o do *antes* – com a bênção das FFS (ou CFF, SBB,* dependendo do cantão).

O sentido que se embaralha, que decai, que "se mostra", equivale a uma escuridão, mais ou menos prolongada. E assim como ao anoitecer se segue a noite, e ao alvorecer a luz do dia, também os estados alterados do significado – as metamorfoses dos signos – são momentos indispensáveis de passagem e transformação.

Leremos sobre queimaduras, rachaduras estalando, encontros ao entardecer, junto a um poço; sobre frases bem ordenadas que se transformam em nomes inauditos. Escorregaremos através de espelhos com múltiplos reflexos, abriremos portas que levam ao nada, mergulharemos em textos que ninguém escreveu. Sabemos que isso é possível, porque sonhamos com essas coisas todas as noites. Mas será também *útil*? Existe uma *verdade* na hora escura? Quem a determina, quem a quer, quem busca uma verdade assim tão sombria?

* Siglas oficiais das ferrovias federais suíças, nos três idiomas nacionais da Suíça: FFS – *Ferrovie Federali Svizzere* (italiano); CFF – *Chemins de fer fédéraux* (francês); SBB – *Schweizerische Bundesbahnen* (alemão). (N. T.)

Cascos de tartaruga

Os raios de sol brilham sobre as montanhas a oeste e, logo depois, tocam os telhados de palha dos templos e das casas escavadas, que seguem a curva do Huan. O rio, ainda sombreado ao pé do dique de terra, serpenteia para sudeste, entre clareiras de painço em broto, antes de desaguar no poderoso Ho. É o décimo primeiro ano do reinado de Wu Ting, na primavera, no dia de hsin-wei, o oitavo da semana. A luz solar, que atravessa o portal do antigo templo, desperta os olhos da máscara do monstro, vibrante de vida sobre o cintilante tripé de bronze. O rei está no centro do templo, exatamente no centro dos quatro quadrantes, no ponto médio do mundo Shang. O painço, que amadurece e pode ser visto através do portal, demonstra que os rituais de colheita que ele realizou foram bem recebidos. Os caldeirões de bronze, com suas oferendas de carne cozida, evocam a presença de seus ancestrais. Seus corpos estão enterrados fundo e a salvo, do outro lado do rio, mas seus espíritos – alguns benevolentes, outros hostis – ainda supervisionam a casa real e a pessoa do rei. Um deles deve estar irado, já que o rei passou toda a noite com dor de dente, e ainda a sente, na véspera de sua partida ao lado de Chih Kuo, que marcha contra os Pa-fang. Sobre o altar de terra batida há cinco cascos de tartaruga. As carapaças foram polidas como jade, mas estão marcadas, na face interna, com uma série de cavidades ovais, algumas já enegrecidas pelo fogo. Em uma das cavidades ainda não queimadas, no lado direito do casco, o adivinho Ch'üeh insere uma ponta incandescente, ardente. Enquanto realiza o ato, exclama em voz alta: "O dente doente não é culpa do ancestral Chia!". Um assistente abana o fogo para manter a ponta incandescente, enquanto o bastão queima a superfície do casco. A fumaça sobe. Os minutos passam lentamente. O cheiro de ossos queimados se mistura ao aroma do vinho de painço, derramado em libação. E então, com um som agudo, claro, semelhante a um "puk!", a tartaruga – a mais silenciosa das criaturas – fala. Na cavidade onde a carapaça foi queimada, formou-se uma fenda em forma de "pu". Mais uma vez, o ferro incandescente é pressionado na cavidade correspondente, no lado esquerdo do casco: "É culpa do ancestral Chia!". Passa-se mais um tempo... uma nova fenda se forma em resposta. Ch'üeh passa ao casco seguinte e repete a pergunta: "Não é culpa do ancestral Chia!". Puk! "É culpa do ancestral Chia!" Ele insere a ponta nas cavidades e rompe o segundo casco de tartaruga, depois o terceiro, o quarto e o quinto. Os adivinhos se consultam. O grupo de parentes se esforça para captar suas palavras, pois, aos olhos do rei, a maldição de um ancestral morto pode ser obra de um filho vivo. Ch'üeh remove a cinza do fogo e a esfrega sobre a nova série de rachaduras, para examiná-las mais uma vez. Mas o casco não revelou nada. A pergunta precisa ser novamente adivinhada. Mais duas rachaduras são feitas em cada um dos cinco cascos... e, mais uma vez, nenhum sinal. Um outro ferro é retirado do fogo e a pergunta se repete: "O dente doente não é culpa do ancestral Keng! ... É culpa do ancestral Keng!". O ancestral Keng, o tio idoso do rei. Desta vez, os sinais são claros. Seus filhos, primos mais velhos do rei, recuam, atônitos com a interpretação das rachaduras feita pelo adivinho. Ele culpou o espírito – o avô deles. Mas o processo de identificação espiritual continua. "Não é culpa do ancestral Hsin! ... É culpa do ancestral Hsin!" Ch'üeh move-se metodicamente ao longo da fileira de carapaças, enquanto recita as perguntas negativas e positivas e queima cada casco da mesma forma, duas vezes. Ainda não se pode emitir nenhum juízo. Novamente, como com o ancestral Chia, queimam-se mais dez rachaduras. "Bom presságio!", diz Ch'üeh, apontando para duas fendas no segundo e no quarto casco. O ancestral Hsin não tem culpa; seus descendentes respiram aliviados... Agora é o rei quem fala. Os assistentes arrastam duas vítimas para dentro do templo. Ouvem-se latidos e balidos de animais em pânico, depois silêncio. O sangue mancha o chão de terra. O rei dilacera as vítimas enquanto Ch'üeh propõe uma nova pergunta: "Sacrificamos um cão ao ancestral Keng e abatemos uma ovelha?". As chamas do ferro em brasa... puk... puk... puk... puk... as carapaças se racham em uma sequência lenta e majestosa. Terá o sacrifício apaziguado o tio morto? A dor no dente passará? O rei, ainda com as mãos manchadas de sangue, examina as rachaduras...[1]

Devemos essa descrição tão vívida de uma sessão de adivinhação na época da última Dinastia Shang ao sinólogo David Noel Keightley, falecido em 2017. Keightley foi um grande especialista em piromancia chinesa. Ninguém como ele dominava os rituais,

1 D. N. Keightley, The Oracle-Bone Inscriptions of Bronze Age China, Berkeley-Los Angeles-Londres, 1985, p.1-2 1.ed. 1978). Ver também Id., These Bones Shall Rise Again: Selected Writings on Early China, introd. e curadoria de H. Rosemont Jr., Albany, 2014. Sobre a rainha Fu Zi (Fu Hao), ver D. Cao, Late Shang: Fu Zi and M5 at Xiaotun, in: *The Oxford Handbook of Early China*, org. de E. Childs-Johnson, Oxford, 2020, p.350-61.

os textos, o ambiente, os problemas filológicos daquele mundo antiquíssimo e exótico. É raro que um acadêmico, acostumado a ponderar cada detalhe científico, se lance a uma reconstrução de atmosfera. Não por acaso, na nota de rodapé que acompanha o trecho, Keightley faz um comentário sutilmente irônico sobre sua digressão narrativa. "Esta reconstrução imaginária", escreve ele, "que o especialista talvez prefira deixar sob um digno silêncio, baseia-se em geral em dados atestados pelas inscrições Shang." A série de referências eruditas que se segue é tão vasta e aprofundada que constitui por si só uma concisa suma da historiografia divinatória. Podemos confiar no bom uso das fontes e nos deixar levar pelos sons, odores e gestos de um procedimento misterioso. O reinado de Wu Ding, situado entre 1254 e 1197 a.E.V.,[2] é o mais antigo para o qual se tem, além de referências analísticas, confirmações arqueológicas. Wu Ding, cujo nome de nascimento foi Zi Zhao, foi um soberano respeitado e bom diplomata. Foi também um marido de ideias amplas, considerando o patriarcado de sua época. À esposa favorita, Fu Zi (Fu Hao), permitiu inclusive ascender ao papel de sacerdotisa e até mesmo de comandante adjunta do exército. Tudo isso – e muito mais – sabemos também graças às tartarugas. Em seus cascos, e nas escápulas de bois, florescia, na época de nosso casal real, a arte de prever o futuro e de conhecer o passado por meio da interpretação das queimaduras produzidas em cavidades previamente preparadas nas

2 Cf. K. Liu et al., Radiocarbon Dating of Oracle Bones of Late Shang Period in Ancient China, in: *Radiocarbon*, 2020, p.1-21.

"páginas" de osso. É o espetáculo a que acabamos de assistir dentro do templo de Hsiao-t'un (Anyang, Honan), a capital Shang. As perguntas são claras, expressas em forma binária: "Não é culpa do ancestral Hsin!... É culpa do ancestral Hsin!". É um proceder entre opostos, carregado de tensão, mas também sóbrio e essencial. Ao adivinho que interpreta os sinais, resta apenas prever "sim" ou "não". Respostas diretas, reconfortantes. As complexidades da mântica grega, os oráculos incompreensíveis que só podem ser decifrados *post factum*, parecem realmente distantes. Como escreve Keightley, as tartarugas são criaturas muito silenciosas. Mas, quando falam – com a eloquência das queimaduras que atravessam suas pobres carapaças –, o fazem de modo inequívoco. Para o simbolismo da adivinhação, as marcas impressas pelo fogo e o som surdo das rachaduras têm valor de regras gramaticais. A ordem da natureza, a conformação sólida e resistente da carapaça do animal, se desfaz, cede. A ponta incandescente é como um estilete com o qual a grande e misteriosa ordem cósmica escreve sua mensagem. É preciso saber compreendê-la, essa língua; é necessário que uma mente humana se abra à escuta divinatória. Não raro, é o próprio soberano quem atua como supremo adivinho. O fundamento de todo o procedimento está além do visível. Por trás das fraturas, das linhas finas e aparentemente caprichosas das fendas, um emaranhado de forças, de consonâncias, de oposições, de amizades e inimizades domina o existente. O fogo se expressa sem hesitações. Cabe aos homens compreender a resposta, reagir, restaurar a harmonia perdida.

O SONHO DE AQUILES

Prepararam rapidamente a refeição e comeram; ninguém ficou sem a devida porção de alimento. Quando saciaram o desejo de comida e bebida, foram dormir em suas tendas. Mas o filho de Peleu jazia à beira do mar retumbante e gemia profundamente entre os mirmidões, num lugar descoberto, onde as ondas do mar se quebravam na praia; por fim, o sono que desfaz as dores do coração o venceu: derramou-se sobre ele docemente – seu corpo se cansara muito ao perseguir Heitor rumo a Ílion açoitada pelos ventos –, e eis que lhe apareceu a sombra do infeliz Pátroclo, idêntico em tudo: a figura, os belos olhos, a voz, as vestes que cobriam seu corpo. Pairou acima de sua cabeça e lhe disse: "Tu dormes, e de mim te esqueceste, Aquiles. Não me negligenciavas em vida, e agora que estou morto não te importas mais comigo. Dá-me sepultura o quanto antes, para que eu possa passar pelas portas do Hades; as sombras, os fantasmas dos mortos me mantêm afastado, não me deixam atravessar o rio nem me juntar a eles; e eu vago pela morada do Hades de amplas entradas. Dá-me tua mão, agora, deixa-me chorar; nunca mais regressarei do

Hades, depois que me tiverdes lançado às chamas; nunca mais, em vida, separados dos demais companheiros, trocaremos conselhos: a morte odiosa que me coube desde o nascimento me devorou. Também a ti está destinado, Aquiles, igual aos deuses, morrer sob os muros da rica cidade de Troia. Mas outra coisa te digo e ordeno, se quiseres me escutar: não guardes meus ossos longe dos teus, Aquiles, coloca--os juntos, como juntos crescemos em tua casa, quando Menezio me trouxe de Opunte, ainda muito jovem, até ti, por causa de um doloroso homicídio, no dia em que, como um tolo, matei sem querer o filho de Anfidamante em uma briga por causa do jogo de dados. Então Peleu, condutor de carros, me acolheu em sua casa, criou-me com carinho, nomeou-me teu escudeiro; que uma única urna, pois, guarde nossos ossos, a urna dourada de duas alças que tua nobre mãe te deu". Respondeu-lhe Aquiles, de pés ligeiros: "Por que vieste aqui, amigo querido? E por que me ordenas tudo isso? Certamente obedecerei, farei tudo o que pedes. Mas agora aproxima-te: ao menos por um instante, abracemo-nos e entreguemo-nos ao pranto e à dor". Assim falou e estendeu os braços, mas não tocou nada. Como fumaça, a alma desapareceu sob a terra, partiu sibilando. Levantou-se Aquiles, atônito, bateu as mãos uma contra a outra e disse tristemente: "Meu Deus, há então nas moradas do Hades apenas uma sombra, um fantasma sem espírito algum. Por toda a noite a alma do infeliz Pátroclo esteve junto a mim, chorando e gemendo, e muitas coisas me recomendou, e parecia-se com ele de modo incrível". Assim falou, e em todos despertou o desejo de chorar; quando surgiu a Aurora de dedos rosados, ainda choravam em torno do corpo infeliz.[1]

Aquiles não dorme, como os outros, na sua tenda. Permaneceu *jazia à beira do mar retumbante* [...], *num lugar descoberto, onde*

1 *Ilíada* XXIII, 55-110 (Ilíada de Homero, org. de M. G. Ciani e E. Avezzù, Turim, 1998, p.990-4).

as ondas do mar se quebravam na praia. Não é o lugar habitual em que os personagens homéricos passam a noite. A menos que se encontrem em uma situação excepcional, depois de um naufrágio ou uma escala improvisada. Na *Odisseia*, Ulisses se agacha com seus companheiros na costa da ilha de Faro, em frente ao Egito. Lá ele espera Proteu, o Velho do Mar, para capturá-lo e forçá-lo a revelar passado e futuro.[2] Mas aqui, no auge da violência guerreira da *Ilíada*, Aquiles, vencido pelo cansaço, não se disfarça para se apoderar de um deus. Ele desmaia, dominado pela emoção, atordoado pelos acontecimentos, incapaz de navegar em suas emoções. E assim, deitado na areia, ele sonha. É Pátroclo, aquele que se detém em sua cabeça? Sim, é realmente ele. Aparência, olhos maravilhosos, voz, roupas, nada está faltando, tão vívidos são os detalhes e claro é o seu discurso. Nós, que ouvimos a história da voz do bardo, sabemos imediatamente que isso é uma *sombra*. Mas Aquiles, dentro de seu sonho, não pode saber, não entende. Ele acha que encontrou o amigo e ouve sua reprovação sincera. Pátroclo o repreende como se faz com um amante. E, diríamos, ele o repreende equivocado. Nós, os ouvintes da história, sabemos que Aquiles organizou para o dia seguinte um funeral solene para Pátroclo. Tudo pode ser afirmado, exceto que ele se esqueceu de honrar os mortos. No entanto, ele tem de ouvir a acusação da alma ofendida, que dá crédito aos seus medos e que, acima de tudo, exige de seu amigo, ainda vivo, um impulso de paixão e partilha.

2 *Odisseia* IV, 438-449: "Escavados os leitos na areia marinha [...] fez-nos deitar em fila [...] em fila junto ao arrebentar das ondas".

O que Pátroclo *realmente* veio anunciar? Se o não enterro é uma desculpa, qual é a mensagem secreta de sua aparição? E de onde vem sua sombra? Para responder a essas perguntas, devemos primeiro nos perguntar por que a cena se passa aqui, na praia, ao ar livre, ao redor do corpo de Aquiles, abandonado durante o sono. Pátroclo não *saiu* do Hades, como alguns estudiosos disseram, até recentemente.[3] Ele ainda não foi enterrado e, portanto, não poderia/não deveria ter cruzado a entrada da vida após a morte, da qual ninguém retorna. Ele não voltou. Ele sempre ficou lá, na praia. Uma espera estressante, ansiosa e sombria. Pátroclo anseia por ser libertado definitivamente, ele quer que seu destino seja cumprido, até o fim. Mas ele não quer ir sozinho. Com a previsão que pertence aos mortos, ele sabe que Aquiles logo o seguirá. Aqui está, sua embaixada. É uma mensagem de morte para o amigo, uma má notícia sincera e lúcida. Ele e Aquiles estão agora muito próximos na costa. Uma sombra, bela e eloquente, e um adormecido, afundado em seu próprio sonho. *À beira do mar* [...] *onde as ondas do mar se quebravam na praia* é o espaço perfeito para o último encontro. Não é mais mar e ainda não é terra firme: a praia é o lugar liminar que acolhe a morte e a vida, o sonho e a premonição. É o quadro da adivinhação, a fronteira entre mundos e tempos, no qual Ulisses, na *Odisseia*, conseguirá agarrar Proteu e poderá extrair dele seu vaticínio. Na praia, os destinos se misturam, penetram, se desfazem. O pedido de Pátroclo, sua oração imperiosa, tem tudo a ver com unidade. *Dá-me tua mão*, ele implora, e então lança o terrível veredicto: *Também a ti está destinado,*

3 G. A. Gazis, *Homer and the Poetics of Hades*, Oxford, 2018, p.47-76.

Aquiles, igual aos deuses, morrer sob os muros da rica cidade de Troia. Somente a misteriosa sabedoria de Homero é capaz de realizar o milagre. Isso, que é na realidade a mais fatal das profecias, flui quase despercebido, mal desperta nossa atenção. Tudo é virado de cabeça para baixo na piedade que é devida aos mortos, enquanto o que ouvimos é o chamado de um morto que reivindica a vida dos outros, toma posse dela, como um amante que abraça furiosamente seu amado, puxa-o para si, o faz cair no abismo. *Não guardes meus ossos longe dos teus, Aquiles, coloca-os juntos*, prescreve Pátroclo. Vamos tentar traduzir este pedido urgente em outra linguagem: "Você morrerá, em breve, muito em breve e eu esperarei por você no limiar do *Hades com seus grandes portões*. Prepare uma urna de ouro, coloque-a de lado, pois vamos enchê-la juntos, assim como sempre vivemos juntos" – isso é o que Pátroclo *realmente* diz. Aquiles, o invencível, o colérico, está enredado, sem vontade, submisso. Ele não pronuncia uma única palavra sobre seu próprio fim. *Por que vieste aqui, amigo querido? E por que me ordenas tudo isso?* Se ele entendeu seu destino, também já o aceitou. Se ainda não entendeu, se não compreendeu as palavras eloquentes de Pátroclo, significa que Aquiles, lá na costa, está suspenso entre a vida e a morte, assim como o outro. Como Pátroclo, Aquiles habita um tempo não tempo, no qual tudo é possível e nada é real. *Meu Deus, há então nas moradas do Hades apenas uma sombra, um fantasma sem espírito algum*. A afirmação de Aquiles ao acordar, que comove os seus, é um meia-verdade. Na costa do mar retumbante, durante a aparição, havia duas sombras. Dois corpos inertes e duas almas vibrantes, fora da vida, ainda não na morte.

Narciso

Quem não conhece a história de Narciso, o jovem belíssimo, perdidamente desejado por rapazes e moças? Arisco e arrogante, Narciso rejeita todos os pretendentes e acaba fascinado por sua própria imagem refletida. Lança-se em direção a si mesmo, deseja se tocar, se abraçar. Não consegue, se consome e morre. É uma das narrativas mais célebres da tradição antiga, explorada e imitada inúmeras vezes. Por que retomá-la aqui, entre sonhos e videntes? Folheemos juntos as páginas elegantíssimas das *Metamorfoses* de Ovídio, que nos conservam a versão mais famosa dessa fábula sedutora. Descobrimos logo que a história de Narciso está inserida dentro de outro relato, dedicado a Tirésias, o vate cego e atormentado. Por uma misteriosa reviravolta, Tirésias foi primeiro homem, depois mulher e então homem novamente. Em virtude de sua sexualidade flutuante, é consultado por Júpiter como especialista em prazer. Quem sente mais satisfação no ato sexual, o homem ou a mulher? Tirésias tem certeza: é a mulher quem sente mais prazer. Pena que a resposta não agrade a Juno, que pune o infeliz cegando-o, embora Júpiter, como reparação, lhe conceda o dom interior de ver o futuro. A primeira profecia do vidente é dirigida à ninfa Liríope, mãe de Narciso. "Àquele adivinho", escreve Ovídio, "ela vai perguntar se o filho viverá até a lenta estação da velhice. Ele responde: 'Se conseguir não se conhecer'." O restante do trecho é um típico paradoxo mântico: "A fórmula parece sem sentido por anos, até que os fatos que se precipitam, a morte especial, o estranho delírio a confirmam" (*Metamorfoses* III, vv. 346-350).[1] O destino de Narciso, portanto, está traçado desde o início, suspenso por um fio profético, brilhante e enigmático. Mas a verdade é que o próprio jovem, belo e soberbo, é um adivinho apesar de si mesmo. Ou melhor: o momento mais intenso e dramático de sua história imita um antigo rito mântico. O epílogo da brevíssima vida de Narciso se consuma à beira de "uma fonte clara, de límpidas águas prateadas, jamais tocadas sequer por pastores ou cabras montesas [...] nem jamais turvada por aves".[2] Guardemos na mente a pureza incontaminada da água da nascente, assim como o gesto, aparentemente inofensivo, com o qual o rapaz cai na armadilha que o destino lhe preparou:

1 Ovídio, *Metamorfoses*. Volume II. Livros III e IV, org. de A. Barchiesi e G. Rosati, tradução de L. Koch, Milão, 2007, p.32-3.

2 *Metamorfoses* III, vv. 407-409 (ibid., p.36-7).

> Tenta saciar a sede e cresce uma sede diferente.
> Surge-lhe um reflexo belíssimo, enquanto bebe, e ele enlouquece:
> é tomado de amor por uma sombra desprovida de corpo.
> Toma-a por um corpo, mas é só água.[3]

Para quem domina o vasto repertório da adivinhação greco-romana, vêm logo à mente os ritos descritos dezenas de vezes nos papiros mágicos. Uma lâmina de cobre, uma bacia cheia de líquido, um cristal. No fundo, um meio equivale ao outro, desde que os olhos possam se fixar, concentrar-se, estreitar-se sobre um reflexo, uma sombra, uma aparência fugidia. Frequentemente o adivinho é pouco mais do que uma criança, primeiro mantida de olhos fechados ou no escuro, e depois banhada em luz, para que possa ver e repetir o que enxerga na superfície que lhe é apresentada. Nos manuais da Antiguidade, esse é um método privilegiado para evocar os mortos. As feições dos falecidos cintilam entre os reflexos, materializam-se por um instante e depois voltam a mergulhar na noite de onde emergiram. Se mantivermos por perto as receitas de encantamentos, Narciso nos aparece sob uma nova luz.[4] Curvado sobre o espelho de água pura, inclina-se para ver, aguça o olhar; enxerga sua própria imagem, claro, mas seu desejo autoerótico arde com a morte:

---

3 *Metamorfoses* III, vv. 415-417 (ibid., p.38-9).

4 Essa leitura "mágica" da história de Narciso foi proposta por M. Nelson, Narcissus: Myth and Magic, *The Classical Journal*, 95 (2000), p.363-89.

O que viu, não sabe – mas arde por aquilo que viu:
um único engano ilude e atiça seu olhar.
Ingênuo, por que perseguir em vão fantasmas fugidios?
O que procuras não existe – aquilo que amas, perderás
só por te virares. O que vês é apenas o reflexo de uma sombra.[5]
Nada é teu: segue-te e se detém contigo,
contigo se afasta, se conseguires te afastar.[6]

Não é, talvez, uma descida ao poço do tempo? "Para que perseguir em vão fantasmas fugidios (*simulacra fugacia*)?", insiste Ovídio. Narciso mergulha rumo a um fundo atemporal e é cercado por verdadeiros espectros, "reflexos de uma sombra" que o atraem e lhe roubam a vida. Para quem ainda está cético e acha que, interpretado assim, o trecho perde em significado, aqui está a versão do mito de Narciso relatada por Pausânias. Trata-se de uma tradição paralela à de Ovídio, e é também uma demonstração eloquente da existência, na era clássica, de um Narciso evocador de espíritos:

Sobre Narciso corre também outra lenda. É menos conhecida do que a primeira, mas também foi transmitida: Narciso teria tido uma irmã gêmea, idêntica a ele na aparência. Ambos tinham o cabelo do mesmo estilo, usavam vestes semelhantes e iam juntos caçar. Narciso apaixonou-se pela irmã e, quando a jovem morreu, ao ir à fonte ele sabia estar olhando para sua própria imagem; mas, embora soubesse

5 "O que vês [...] uma sombra", é tradução minha. A versão de Koch tem "Não é senão um reflexo essa sombra que tu vês".

6 *Metamorfoses* III, vv.430-436.

> disso, sentia algum alívio para suas dores de amor porque imaginava ver refletida não a própria pessoa, mas a figura da irmã.[7]

Incesto, transgressão, evocação da irmã morta. O olhar do jovem mergulha na água da fonte em busca de outra dimensão, de um além que permita o reencontro entre vivos e mortos. Na nascente, escondida, inalcançável a todos, consuma-se o segredo da adivinhação. É um drama diferente daquele do autoerotismo. O amor incestuoso projeta sobre toda a cena uma luz sombria, culpada. Terá sido um amor correspondido, uma culpa compartilhada? A irmã terá aceitado as investidas do rapaz? Tudo o que se refere a Narciso remete ao duplo, ao reflexo. Começamos com Tirésias, primeiro homem, depois mulher e novamente homem. Em seguida, encontramos Narciso, que acredita ver um outro e se abraça a si mesmo. Por fim, nos deparamos com o jovem que deseja a própria irmã e a reencontra, já morta, ao contemplar seu próprio simulacro. Nesse périplo da duplicidade, haverá talvez um ensinamento simbólico sobre a adivinhação? O adivinho, já se disse, observa o teatro interior de quem o consulta. Ele o escruta, exatamente como Narciso aguça o olhar na fonte incontaminada. Em uma primeira leitura, pode parecer que o paralelo se encerra aqui. Narciso vê a si mesmo, enquanto o adivinho enxerga o destino alheio, escava nas profundezas das experiências e presságios de quem está à sua frente. Mas temos certeza de que compreen-

---

7 Pausânias, *Viaggio in Grecia. Beozia*, introdução, tradução e notas de S. Rizzo, Milão, 2011, p.252-3 (IX, 31, 8).

demos bem? O que perturba Narciso, no relato de Ovídio, ou o consola, na versão de Pausânias, é a alteridade do olhar. Por erro ou por destino, o jovem está convencido de que o outro o olha, corresponde a ele, o guia. O reflexo se move, deseja, se agita. A energia desse olhar imaterial, "sombra de uma imagem", é a de *eros* e *thánatos*, a força que turva as águas cristalinas da existência, que as revolve. É o vórtice do tempo, que nos atrai e nos engole. Se há um protetor simbólico dos adivinhos, este é o belíssimo Narciso. Ele é o senhor do olhar, que tudo perde, ou tudo ganha, ao se espelhar no indizível.

Rebeca tem uma ânfora

"Ó Senhor, Deus de meu senhor Abraão, rogo-te que me acudas hoje e uses de bondade para com o meu senhor Abraão! Eis que estou em pé junto à fonte de água, e as filhas dos homens desta cidade saem para tirar água; dá-me, pois, que a moça a quem eu disser: Abaixa o cântaro, peço-te, para que eu beba, e ela me responder: Bebe, e também darei de beber aos teus camelos – seja a que designaste para teu servo Isaque; e nisso verei que usaste de bondade para com meu senhor. E antes que ele acabasse de falar, eis que vinha Rebeca, filha de Betuel, filho de Milca, mulher de Naor, irmão de Abraão, com o cântaro ao ombro. A moça era muito formosa de aparência, virgem, a quem nenhum homem havia possuído; ela desceu à fonte, encheu o cântaro e subiu. Então, o servo saiu-lhe ao encontro e disse: Peço-te que me deixes beber um pouco da água do teu cântaro. Ela respondeu: Bebe, meu senhor! E prontamente baixou o cântaro para a mão e lhe deu de beber. Acabando ela de dar-lhe de beber, disse: Tirarei água também para os teus camelos, até que todos bebam. Apressou-se, pois, em despejar o cântaro no bebedouro, e correu outra vez ao poço para tirar mais água, e tirou para todos os camelos. O homem a observava em silêncio, atentamente, para saber se teria o Senhor levado a bom termo a sua jornada ou não." (Gn 24, 12-21).[1]

Abraão deseja qualquer coisa, menos que seu primogênito Isaque se una a uma das filhas de Canaã. Muitas coisas o separam daquela terra que, embora o tenha acolhido e Deus lhe tenha prometido como herança, não é seu verdadeiro lar. O velho migrante permanece, com o coração, lá onde nasceu, no norte da Mesopotâmia. Os laços de sangue, os vínculos do clã o unem para sempre ao lugar que ele voluntariamente abandonou, mas que continua a carregar dentro de si. É para lá que deverá se dirigir o servo mais antigo de sua casa, em quem confia cegamente, com a missão de trazer de volta uma esposa para Isaque. Um juramento solene sanciona a missão. Que vá, que encontre, que volte. O servo, cujo nome não nos será revelado ao longo de todo o episódio, parte. É uma viagem lenta, difícil, feita pelas rotas das caravanas, com dez camelos carregados com o melhor que Abraão possui. *Levantou-se* – nos assegura o livro do Gênesis – *e foi à Mesopotâmia, à cidade de Naor* (Gn 24, 10). Tempo, com certeza, não lhe falta durante aquelas etapas intermináveis, e assim ele ensaia sem parar a cena que o espera. Ele a vê, a moça, ouve suas palavras, desenha seus gestos sobre o fundo do deserto. Ele a encontra não uma, mas duas vezes. A primeira na mente, a segunda na vida. Finalmente chega, mas não entra na cidade. Ali, no meio da mul-

1 Bíblia Almeida revista e ampliada.

tidão, jamais poderia cumprir sua missão. Não conseguiria encontrá-la, a mulher que está procurando. Ele precisa de um lugar não lugar, para poder reconhecê-la. Precisa de um espaço apropriado, um recinto divinatório, um espelho onde captar o reflexo certo no momento certo. Precisa de um gesto, um desvio emocional, uma perturbação. Há um lugar especial que retorna nos relatos da vida dos patriarcas. Um lugar solitário e, ao mesmo tempo, muito frequentado. Visitado por homens, anjos, assassinos, demônios. Em um país desértico, os poços são encruzilhadas de vida e morte. Constituem um teatro natural de trocas, encontros, emboscadas. Põem em comunicação a profundidade da terra com a superfície, são a porta entre planos diferentes da realidade. *Fê-los ajoelhar fora da cidade, junto ao poço de água, à tarde, à hora em que as moças saem a tirar água. E disse* (Gn 24, 11-12). A fórmula que o servo pronuncia é verdadeiramente encantatória. Não apenas uma premonição do que está prestes a acontecer, mas uma invocação ritual, dirigida a Deus, na qual estão registrados, um após o outro, os gestos, as pausas, os acentos do futuro iminente. [...] *que a moça a quem eu disser: Abaixa* [...] *e ela me responder* [...] *e nisso verei.* Ao lado do poço, ou melhor, um pouco afastado, para não atrapalhar o vaivém das mulheres de Naor, o servo *vê* o futuro, invoca-o, define-o. A Bíblia apresenta essa adivinhação como uma piedosa oração, mas a estrutura das fórmulas, sua coerção mágica, é inegável. E de fato, à evocação segue-se imediatamente, por necessidade, a realização. *E aconteceu isso, wa-yehi-hu.* Até o menor detalhe do encontro mental se realiza, com o acréscimo da beleza de Rebeca. O servo havia silenciado a esse respeito, mas agora a beleza da jovem se irradia na luz do entardecer. Só ela existe, entre todas as mulheres que vieram tirar água. Vemos apenas sua figura, seu gesto gentil, a ânfora que ela leva com presteza e modéstia. *E prontamente baixou o cântaro para a mão e lhe deu de beber. Kad,* assim se chama a ânfora em hebraico. Seis vezes ouvimos vibrar esse som. *Kaddek, tua ânfora*: é a premonição do servo. *We-kaddah, e sua ânfora*: a moça se aproxima com o recipiente. *Kaddah, sua ânfora:* a moça a enche. *Kaddek, tua ânfora*: a premonição se realiza. *Kaddah, sua ânfora*: a moça a abaixa sobre a mão. *Kaddah, sua ânfora*: ela a esvazia no bebedouro, para saciar os camelos. Seis vezes o sinal se realiza. Nos olhos, na água, no ar, na luz: a energia da vida encheu a ânfora, esvaziou-a, encheu-a novamente. O servo *a observava em silêncio*. Agora tem certeza. Essa é a mulher, essa é a esposa.

O NOIVO BANDIDO

Ibn al-Kalbī disse: Fui informado por meu pai, a quem Abū Ṣāliḥ contou, depois de ter ouvido de Ibn 'Abbās, que Thaqīf e al-Naja'a descendem de Īyād. O nome de Thaqīf era Qasiyy b. Munabbih [...]. Ele e al-Naja'a haviam partido juntos, levando consigo uma cabra da qual bebiam o leite, quando encontraram um coletor de impostos do rei do Iêmen, que tentou tirar-lhes a cabra. "Mas nós vivemos do leite dela", disseram, e o mataram justamente quando ele estava prestes a se apossar do animal. No momento em que lançaram a flecha, um disse ao outro: "Não devemos ser encontrados juntos". Al-Naja'a foi para Bīsha, onde permaneceu; Qasiyy chegou a uma região próxima de al-Ṭā'if. Lá, viu uma escrava que cuidava de um rebanho pertencente a 'Āmir b. al-Ẓarib al-'Adwānī. Decidiu se apoderar do rebanho. "Vou matar a escrava", disse, "e tomarei posse dos animais." Mas a escrava frustrou seu plano e lhe disse: "Vejo que tens a intenção de me matar e tomar o rebanho. Se o fizeres, serás morto e o rebanho te será tirado. [Mas se desistires de me matar], te tratarei como a um estrangeiro faminto". Ela o levou até seu senhor, e Qasiyy pediu a este permissão para se estabelecer na região. ʿĀmir deu-lhe sua filha em casamento, e Qasiyy se estabeleceu em al-Ṭāʾif.[1]

Outro poço, outro encontro, outra moça. Essa história de deserto, de abusos e de assassinatos nos chega da literatura árabe do século X. A atmosfera do relato é muito mais tensa do que aquela, quase onírica, que envolve o episódio bíblico de Rebeca no poço. Se o servo de Abraão busca uma esposa adequada para Isaque, Qasiyy tem um único objetivo: salvar a própria pele. É um assassino em fuga da justiça, embora tenha matado para se defender de um abuso. E a escrava que se aproxima do poço com seus rebanhos é, para ele, uma oportunidade imperdível. Em comparação com o episódio de Rebeca, a narrativa árabe nos oferece uma inversão de papéis. A vidente é a moça, enquanto a figura masculina assume um papel passivo, tornando-se objeto da adivinhação. Um gesto, um olhar, a maneira de se mover. Não sabemos bem o quê, mas deve haver algum indício revelador se a escrava, de repente, interpela o homem com uma acusação: *Vejo que tens a intenção de me matar e de tomar o rebanho.* A moça sabe, porque *vê*. Prevê também como tudo poderia acabar. Se ele a atacar, Qasiyy será capturado e morto, e o rebanho lhe será tirado. A premonição é sem dúvida correta. Naquele momento, na solidão do oásis, a moça tem diante de si a encruzilhada da existência. Dois tempos

1 Abū al-Faraj al-Iṣbahānī, *Kitāb al-aghānī* ("O livro dos cantos"), IV, 75, citado por D. Larsen, Signs, Omens, and Semiological Regimes in Early Islamic Texts, in: *A Californian Hymn to Homer*, org. de T. Pepper, Cambridge (MA), 2010, p.1-47, esp. p.10-1.

paralelos se abrem diante dela. Um tempo da opressão – eu o chamaria de tempo da violência masculina, incontrolável e cega. E um tempo da moderação, da negociação – um tempo feminino. Como no caso de Rebeca, aqui também se vislumbra um casamento. Mas não porque tenha sido desejado por um homem ou decidido de antemão. O casamento é fruto da *visão feminina*. Tocado pelo instinto da moça, convencido por suas palavras, Qasiyy freia a espiral de sua violência, põe fim ao seu errar nômade e pede hospitalidade. A premonição da escrava transformou a morte em vida.

Fogo negro sobre fogo branco

Temos também uma tradição verdadeira, segundo a qual toda a Torá são nomes do Santo, seja Ele bendito, pois as palavras podem ser desmembradas em nomes, de acordo com uma leitura diferente. Pense, por exemplo, como o versículo *inicial, Be-re'šit bara Elohim* (No princípio, Deus criou...) se divide em palavras diferentes, como Be-ro'š yitbera Elohim (Com a cabeça [ou seja, a *sefirá ḥokmah*] se criou Elohim [a *sefirá binah*]...), e isso vale para toda a Torá, além das permutações e correspondências numéricas dos nomes [...] É provável que a Torá escrita com fogo negro sobre fogo branco tenha sido escrita de forma contínua, sem interrupção entre as letras, de modo que poderia ser lida tanto em forma de nomes quanto de acordo com nossa leitura, como ensinamento e comando; foi dada a Moisés segundo a leitura dos preceitos e, ao mesmo tempo, lhe foi transmitida oralmente a leitura segundo os nomes.[1]

---

1 Mošeh ben Naḥman (Nachmânides), *Peruš 'al ha-Torah, Haqdamah*. A passagem de Nachmânides tem um paralelo em outra de suas obras sobre a

No início de seu *Comentário à Torá*, Moisés Nachmânides, mestre sefardita do século XIII, abre uma fresta para uma doutrina secreta, transmitida no judaísmo através do ensino oral, de geração em geração. Não há apenas a Bíblia como a conhecemos, com o relato do Gênesis, as histórias dos patriarcas, os ensinamentos mosaicos e os preceitos. Ao lado desse tesouro religioso, que é o cerne do judaísmo, existe um segundo livro, ainda mais elevado e divino. Ou melhor, o livro é um só, indivisível e imutável. São as letras e as frases que mudam, se transformam, se atraem e se repelem de maneira diferente, movidas por forças desconhecidas e arcanas. Existe, portanto, uma Torá "segundo as palavras", que deve ser estudada e aplicada a cada dia, transformando-se em vida vivida. Além do limiar do cotidiano, abrem-se então as portas da Torá "segundo os nomes", cheia de outras mensagens inauditas. Movam-se as letras, embaralhem-se as frases, recomece-se de

---

excelência da Torá (ver a tradução italiana de M. Perani: *Nahmanide, La Legge del Signore è perfetta*, Roma, 1989, p.91-2), enquanto atestações da doutrina segundo a qual a Torá é um único nome de Deus também aparecem no *Zohar*, por exemplo em II. 87a: "Foi ensinado que toda a Torá é o Nome santo, pois não há nela sequer uma palavra que não esteja compreendida nesse Nome".

Ver também, sobre esse tema, M. Idel, The Concept of Torah in the Hekhalot and its Evolution in the Kabbalah [em hebraico], *Jerusalem Studies in Jewish Thought*, 1 (1981), p.23-49; E. R. Wolfson, The Mystical Significance of Torah Study in German Pietism, *Jewish Quarterly Review*, 84 (1993), p.43-78 (para outras referências à tradição dos ḥassidim ashkenazitas da Idade Média). Veja ainda *Mistica ebraica: Testi della tradizione segreta del giudaismo dal III al XVIII secolo*, org. de G. Busi e E. Loewenthal, introdução de G. Busi, Turim, 1995, p.XXXVI.

Be-re'šit, *No princípio*, a primeira palavra do livro de Gênesis, chave de toda a criação. Basta deslizar algumas consoantes, e os significados se expandem, as possibilidades semânticas começam a se ampliar, novas dimensões, físicas e mentais, se abrem. Não devemos temer imaginar uma transformação tão grande no texto mais sagrado do judaísmo. Certamente, o mar da metamorfose linguística é imenso e causa temor. O que resta, depois que as palavras se quebram em monossílabos, em cadeias indecifráveis, em nomes impronunciáveis? Para Nachmânides e para os cabalistas que o seguem, a pergunta foi malfeita. Deveríamos perguntar, em vez disso, o que se adiciona, o que se pode descobrir, que mecanismos do divino estão ocultos atrás do estilhaço dos significantes. Estamos diante do princípio da desintegração simbólica, que é também o centro do processo divinatório. Mais uma vez, a lógica é a da subtração de sentido, como um passo obrigatório em direção a um significado ulterior.

No exemplo da frase sobre o atraso de um trem, transformada e invertida, tentei analisar a relação inversamente proporcional que liga, na operação mântica, a semântica e a liberdade de visão. O caminho indicado por Nachmânides é semelhante e prevê um distanciamento progressivo do sentido habitual do texto sagrado. Dos antigos ensinamentos cabalísticos sobre a transformação dos significados, vem-nos um modelo intelectual precioso. À primeira vista, pode parecer um esquema difícil de compreender, pois nos impõe abandonar o terreno, para nós habitual, dos significados compartilhados e das indicações linguísticas unívocas. Mas, se pararmos para refletir e tentarmos mergulhar nas frases que giram e se transformam, intuímos como, *por trás do texto* que conhecemos, podem se abrir outras possibilidades, horizontes inexplorados. Pensem em um anagrama, que "libera" um novo significado de um texto preexistente. Um exemplo, bem simples? Peguem a palavra *desideri* [desejos], movam as letras e terão uma pequena surpresa: *dire di sé* [dizer de si]. "Dizer de si" não é uma bela maneira de definir os "desejos"? É um modesto, surpreendente tesouro, escondido sob a superfície da linguagem, que trouxemos à luz graças a uma permutação. É um jogo, naturalmente, mas para intérpretes aguçados, como Nachmânides, nenhum jogo linguístico é gratuito. Segundo a *qabbalah,* a língua hebraica é o instrumento da criação. Cada letra contém um mundo, e cada mundo é uma letra. Com base no mesmo princípio, posso também afirmar que cada tempo é uma letra, e cada letra é um tempo, ou seja, que a transformação linguística age sobre a ordem temporal da realidade. Em seu estado de quietude, um texto se refere a um tempo determinado. Se intervenho sobre a ordem semântica, ou seja, se transformo a coesão do texto, mudo também as coordenadas temporais de referência. Em um nível muito simples, essa ação da linguagem sobre o tempo faz parte de nossa experiência cotidiana. "Te olho nos olhos e te desejo" é uma afirmação referida ao presente. Você está aqui, eu te olho, te desejo. Agora, não ontem. Hoje, neste momento, na atualidade, física ou mental, de nossa presença. "Te olh*ei* nos olhos e te desej*ei*" evoca, ao contrário, uma experiência passada minha, me projeta em uma dimensão temporal diferente, por meio de uma leve modificação linguística, *o/ai,* "desejo/desejei". Se, em vez de nos limitarmos a substituir um presente por um passado remoto, fazemos as coisas em grande estilo e "quebramos" a linguagem, como no exemplo do trem atrasado que foi dito antes, logo estaremos desorientados, fora de lugar e, sobretudo, fora de tempo. Eis aí, essa desorientação é a melhor condição para vê-los juntos, os tempos, para usufruí-los, para intuí-los em uma única percepção mental. Tentem imaginar um nível de pensamento no qual o objeto de seu desejo seja, simultaneamente, aqui e não aqui, em vida e não mais em vida, nascido e, *ao mesmo tempo*, ainda não concebido. É impossível *pensar* algo assim? Certamente não, não é impossível. O pensamento é perfeitamente capaz de se insinuar através da mais tortuosa das contradições. Nossa mente pinta com um pincel finíssimo, muito preciso. As cerdas do pincel? Sentido e não sentido, significado e não significado, agora e não agora. Nachmânides, creio, concordaria. Ele sabia bem onde encontrar um pincel desse tipo.

A PORTA PARA LUGAR NENHUM

A sefirá da sabedoria é a raiz, o sustentáculo de todas as coisas, e todas as transformações que ocorrem no mundo não podem acontecer sem ela, ou seja, sem o nada. Assim, o ovo não pode transformar-se em pintinho se antes não deixar completamente de ser um ovo e não passar, por um instante, pela porta do nada. Só então pode transformar-se em pintinho. A sefirá da sabedoria (*ḥokhmah*) é chamada de "força de realização" (*koáḥ mah*), pois é a matéria de todo o cosmo. Ela desnuda [todas as coisas] de forma e veste. Só depois, nela se opera a transformação.[1]

---

1 Dov Baer de Mezhirech, *Maggid devarav le-Ya'aqov*, edição crítica com notas, introdução e índices organizada por R. Schatz-Uffenheimer, Jerusalém, 1990, p.91. Cf. meus *Simboli del pensiero ebraico: Lessico ragionato in settanta voci*, Turim, 1999, p.333; veja também a análise pioneira de J. G. Weiss, The Great Maggid's Theory of Contemplative Magic, *Hebrew Union College Annual*, 31 (1960), p.137-47.

Há um ponto de equilíbrio, sobre o qual se sustenta todo o ser. E é um ponto vazio. Dov Baer de Mezhirech (falecido em 1772) é um grande mestre hassídico, considerado o herdeiro espiritual de Yiśra'el Ba'al Šem Ṭov, o fundador do movimento. Pensador profundo, mas também líder carismático e taumaturgo, Dov Baer conhece bem as teorias dos cabalistas que o precederam. Sabe que, segundo a tradição mística judaica, o lugar onde a energia divina se aproxima da dizibilidade é a primeira e mais elevada sefirá, chamada *keter*, "coroa". No entanto, esse grau supremo da emanação, ainda muito próximo da esfera do incognoscível, não lhe parece adequado para explicar a passagem rumo à compreensibilidade humana. Deve haver algo mais acessível, uma força mais plástica, por trás do incessante teatro das formas das quais nós, humanos, temos experiência cotidiana. A sefirá da sabedoria, *ḥokmah* em hebraico, torna-se assim, nos ensinamentos que lhe são atribuídos, a "câmara escura" da criação. Mais "ativa" do que *keter*, mais envolvida no desenho do real, a sabedoria representa o segundo nó a partir do alto da árvore sefirótica. Seu nome alternativo? *'Ayin*, "nada". E é justamente sobre esse nada que se baseia a extraordinária doutrina mágica do mestre de Mezhirech. Todo prodígio, todo milagre, toda adivinhação, até mesmo a mais simples transição física, deve passar pelo vazio sefirótico da sabedoria. *ḥokmah*, ensina Dov Baer, "despoja" os seres, retira das coisas suas "vestes", subtrai-lhes as cores, a plasticidade da existência. Engole todo atributo, aniquila-o, em uma pausa interminável e obscura. Um intervalo que dura um instante, um século, meia eternidade.

Ša'ar ha-'ayin, literalmente "a porta do nada", é uma prodigiosa invenção simbólica. Por essa mesma porta, como agora bem sabemos, passa também a adivinhação. Aquém do limiar, o tempo flui de modo linear, rígido, irreversível. Além dele, após o impasse temível em que o ser se desagrega, os tempos se tornam múltiplos, se sobrepõem, se reagrupam em uma nova ordem. O nada de Dov Baer de Mezhirech funciona por subtração. Tal como um adivinho, que busca a sombra, a fumaça, o reflexo. Que anseia por um ser esvaziado, para poder *ver* sua constituição essencial. O que retira o nada? Subtrai o *aqui*, empobrece – Dov Baer diria *aniquila* – para então reformar, recriar, reproduzir. Só além da porta do nada, os tempos libertam sua energia impetuosa.

O PINTOR DE NENHUMA PINTURA

Para mim, aquele pintor bizarro conta entre as aparições que escapam a qualquer regra confirmada; e duvido que sua substância visível seja aquilo que se chama de real. Uma coisa é certa: ninguém jamais o viu exercer as funções vitais habituais. Nunca foi visto escrevendo ou desenhando, embora em certo caderno, onde ele parecia apenas ler, depois de cada estadia sua encontravam-se novas folhas escritas. É também estranho que eu não visse ali senão rabiscos confusos e esboços lançados por um artista fantasioso, enquanto depois, esses e aqueles me apareceram legíveis e claros apenas depois que tu, caro Frei Medardo, te confessaste a mim. Mas não posso me estender sobre minhas ideias e convicções a respeito desse pintor. Tu mesmo as adivinharás, ou melhor, o mistério se revelará para ti. Vai, fortalece teu físico, e se, como creio, dentro de poucos dias também te sentires aliviado de espírito, eu te darei o maravilhoso livro do pintor estrangeiro. [...] Assim que o prior observou que meu espírito havia readquirido certo ânimo, entregou-me o caderno do pintor, convidando-me a lê-lo atentamente em minha cela. Abri-o, a

> primeira coisa que meus olhos viram foram os esboços, sugeridos nos contornos e depois sombreados, dos afrescos que se encontravam no Sagrado Limoeiro. Mas em mim não despertou a mínima surpresa, nem a mínima ansiedade de logo decifrar o enigma. Não! Não existia enigma para mim, que desde muito tempo conhecia o conteúdo daquele caderno. O que nas últimas folhas o artista havia anotado, em uma caligrafia miúda e em várias cores, eram meus sonhos e meus pressentimentos, expostos com uma clareza, com uma simplicidade linear que jamais eu teria tido.[1]

Dos muitos personagens misteriosos saídos da pena sulfúrea de E. T. A. Hoffmann, esse pintor de nenhum quadro é um dos mais enigmáticos. Ele existe de fato? Ou melhor, de que tipo de artista se pode tratar, dado que ninguém jamais o viu em ação? Como conseguiu conquistar a fama que o cerca, com que esboços, sobre quais papéis ou telas exerceu seus talentos?

Se seguimos com atenção as palavras do padre prior, uma pista de fato se percebe. O pintor pinta lendo, enfeita o códice com miniaturas sem mover um só dedo. Basta-lhe mergulhar a mente no texto que mantém aberto diante de si, e eis que as figuras se produzem sozinhas. *Em certo caderno, onde ele parecia apenas ler* – nos assegura o bom frade –, *depois de cada estadia sua encontravam-se outras folhas escritas.* Outra pista importante

1 E. T. A. Hoffmann, *Gli elisir del diavolo*, traduzione di A. Scalero, introduzione di C. Magris, Florença, 1969, p.257-8 (ed. or. *Die Elixiere des Teufels*, 2 vol., Berlim, 1815-1816). Cf. também J. Chasseguet-Smirgel, *Codice e creatività*, in: *La donna e la psicoanalisi*, organizado por A. M. Accerboni, Trieste, 1989, p.13-28, especialmente p.22.

é que seus arabescos, traçados com o nada, mudam de forma de acordo com quem os contempla. Melhor dizendo, conforme o estado mental e o grau de consciência alcançado pelo intérprete. O próprio prior, que *antes* não os compreendia, agora os lê com facilidade, pois tomou conhecimento das confissões do protagonista. Não há dúvida, o pintor de nenhum quadro é um adivinho em plena ação. De um tipo, no entanto, raro, que queremos incluir em nosso catálogo simbólico. Seu tipo de adivinhação é mudo e ilegível, puro ato mental. Ao mesmo tempo, é um fenômeno automático, que reflete as transformações da psique dos atores envolvidos. Poderíamos chamá-la de uma *adivinhação limitada no tempo*. As premonições do pintor inoperante brotam em sua estação, e apenas para o interessado direto, ou para quem compartilhe suas emoções e aflições. A bem da verdade, são premonições que florescem sem desabrochar. Não é necessário botão algum antes da flor aberta e evidente, pois o ponto de compreensão, a visão completa, se abrirá por si só ao protagonista. *Há muito tempo eu já conhecia o que aquele caderno continha*. Quem será capaz de encontrá-lo, o manuscrito do pintor que não pinta?

Areia – areia – areia

A pintora [M.Z.]

Assim tu foste embora, uma mendicante, e abriste a porta:
Morte, morte, onde estás –
sob os pés tu –
ao mar do sono me conduzes –
Eu queria pintar meus caros
mas já empalidecem
assim que movo o dedo

A areia no meu sapato furado
eras tu – tu – tu
Eu pinto areia que um dia foi carne –
ou cabelos dourados – ou cabelos pretos
ou beijos e tua mão carinhosa
Eu pinto areia – areia – areia.[1]

---

1 N. Sachs, *Werke*, vol. I: *Gedichte: 1940-1950*, org. de M. Weichelt, Berlim, 2010, p.30. Original: "Die Malerin [M.Z.]/ So gingst du, eine Bettlerin,

"Não vá de trem, pegue um avião." O funcionário da Gestapo não tem dúvidas: Nelly e sua mãe, de trem, jamais chegariam ao destino. Judias, perseguidas, caçadas, seriam detidas na fronteira, rejeitadas, enviadas de volta a Berlim, apesar da autorização oficial de emigração, que haviam obtido quando tudo já parecia perdido. Quem sabe por que o nazista pronuncia aquelas palavras. Por piedade, por pragmatismo? Certamente, seu conselho salva-lhes a vida. Em 16 de maio de 1940, um avião as leva, do aeroporto berlinense de Tempelhof, para a Suécia. Estão a salvo. Têm consigo apenas uma moeda de um marco e uma mala com pertences pessoais. Todo o resto está perdido, roubado, destruído. Os anos suecos, cheios de solidão e privações, trazem a Nelly Sachs uma nova urgência expressiva. Sua poesia está nos limites do vazio. Ou melhor, além do limite do aniquilamento. Mas como dizer esse "além"? E como conseguir expressá-lo na língua alemã, o único pedaço de pátria que lhe foi permitido levar consigo? Os versos de Sachs são evocativos, comoventes, e o Nobel de Literatura, em 1966, é o reconhecimento justo da profundidade de uma escrita inimitável. No fundo da lírica de Nelly Sachs há um resíduo indivisível, uma propriedade central que não pode ser ulteriormente dividida. É uma propriedade que se deposita em seus poemas desde o início, desde sua chegada à Suécia. Não *depois*, mas durante a

---

und öffnetest die Tür:/ Tod, Tod, wo bist du –/ Unterm Fuß du –/ Zum Schlafmeer mich führ –/ Ich wollte die Liebsten malen/ Sie fangen schon an zu fahlen/ Wie ich den Finger rühr./ Der Sand in meinem löchrigen Schuh/ Das warst du – du – du –/ Male ich Sand der einmal Fleisch war –/ Oder Goldhaar – oder Schwarzhaar –/ Oder die Küsse und deine schmeichelnde Hand/ Sand male ich, Sand – Sand – Sand".

Shoá. Aliás, em uma época em que o extermínio dos judeus, plenamente em curso, era quase invisível, subterrâneo, silenciado.

Já então, nos poemas de 1942-1943, Nelly Sachs compreende. Como poeta, ela tem a premonição, intuitiva e claríssima, da invisibilidade. Seus parentes, seus vizinhos, seus conhecidos judeus, um após o outro, escorregam além do limiar do visível. Desaparecem, são deportados, mortos, torturados. Mas o sistema nazista faz de tudo para eliminá-los sem chamar atenção. A adivinhação poética de Sachs atua na situação, enfrentando diretamente o nó central do não visível. Cada um de seus versos é um remédio, parcial, fragmentário, insuficiente, a essa obliteração do ser. Pegadas na areia, cores que não existem, pintura que não pinta – são todas metáforas da inadequação. Uma inadequação que tem duas faces. Não cobre adequadamente, porque o poeta não está à altura de tanto horror. Mas a não adequabilidade está também no objeto, que foi des-adequado, subtraído, ocultado. As vítimas são apagadas, eliminadas do mundo dos vivos sem poderem entrar no outro mundo, aquele da memória tributada aos mortos. Eis que a poesia, como ato mântico, significa conceder a morte aos mortos, levá-los à outra margem, para que, lá, possam ser de novo encontrados e nomeados, ainda que imperfeitamente. A adivinhação não diz respeito apenas ao futuro. Há um passado que pode e deve ser adivinhado, como nos ensinou a lúcida loucura de Cassandra no *Agamênon* de Ésquilo. Também Nelly Sachs possui a força vaticinante que agarra o passado, o traz de volta, o nomeia. *Assim tu foste embora, uma mendicante, e abriste a porta:/ Morte, morte, onde estás.* M. F., a amiga pintora, foi assassinada. Mas não encontra a morte, pois quem a matou apagou todos os vestígios. Nos fornos, com o gás, aos corpos foi negada qualquer correspondência memorial. Estão mortos, mas não para o mundo. A não ser que a energia de nomeação do verso apazigue essa ausência. Deve ser também ela uma energia sombria, diáfana. Uma energia de areia e decomposição. *Eu pinto areia – areia – areia.* O poema dedicado a M. F. aparece na coletânea *In den Wohnungen des Todes* (Nas moradas da morte), publicada em 1947. Mas já em um primeiro esboço, de 1942, as palavras buscam as formas espectrais dos exaustos, dos desamparados, dos assassinados. É uma evocação de corpos sem corpo, que devem ser pintados com cores que não existem. Cores inventadas a partir do nada. Cores-nada, cores-morte:

Pinto a noite inteira…

Pinto a noite inteira,
e não tenho cores.
Por isso inventei a
[cor da saudade
E pinto como eles definharam.

Pinto a noite inteira,
e não tenho cores.
Por isso inventei a
[cor do amor
e pinto as feridas como
[cicatrizes.

Pinto a noite inteira,
e não tenho cores.
Por isso inventei a cor-morte
e pinto como eles morreram.[2]

Ich male die ganze Nacht…

Ich male die ganze Nacht,
Und habe keine Farben.
Da habe ich die Farbe der
[Sehnsucht erdacht
Und male wie sie darben.

Ich male die ganze Nacht,
Und habe keine Farben.
Da habe ich die Farbe der
[Liebe erdacht
Und male die Wunden als
[Narben.

Ich male die ganze Nacht,
Und habe keine Farben.
Da habe ich die Farbe Tod [erdacht
Und male wie sie starben.

2 Ibid., p.106.

Não vou mais falar em enigmas, Cassandra orgulhosamente nos prometeu. Nem mesmo Nelly Sachs falará por enigmas. Os mortos, eles, são enigmas, e a poesia fala com eles, sobre eles. Ele fala sobre eles e os pinta. A noite toda.

A escritora

Os filhos dela realmente acham todo esse vaivém de gente desagradável. Os clientes se aglomeram no corredor, às vezes lotam o patamar ou ficam fumando em frente à porta do prédio. Que a senhora do terceiro andar lê a sorte, todo mundo sabe. Mas uma coisa são os boatos e as piscadelas, outra, mais embaraçosa, é o espetáculo das pessoas esperando sua vez. Ficam assim até meio-dia, alguns com paciência, outros irritados, todos esperançosos. Em Aviatiei, no norte de Bucareste, antigamente viviam apenas os oficiais do Exército e da Aeronáutica. Mas eram os tempos cinzentos de Ceaușescu. Agora, entre os prédios baixos e organizados, surgiram os edifícios reluzentes dos bancos e dos centros comerciais. Para ela não importa muito se o trânsito se tornou caótico e os aluguéis continuam a subir. Ela agora ganha bem, e os tempos difíceis, quando mal conseguia chegar ao fim do mês, são uma lembrança. Se não quiserem que ela atenda em casa, significará que irá à casa de alguma amiga e pedirá hospitalidade e um quarto para os seus atendimentos. As portas se abrem facilmente para ela. A Escritora, como a chamam no bairro, é sempre bem-vinda. Quem não gostaria de conhecer o próprio futuro? E ela vê esse futuro como nós nos olhamos nos olhos na rua, quando nos encontramos e apertamos as mãos. No fim das contas, a moça se deixou convencer. Veio mais para agradar à mãe do que por curiosidade própria. Aos dezoito anos, o destino lhe parece uma tigresa, grande, majestosa, poderosa. Não tem medo desse animal exótico que chamamos destino. Acaricia-o com a mão, deseja-o, espera por ele. A tigresa dos seus dias adultos certamente será sua amiga. Vai se deixar domesticar e a protegerá. Enquanto pensa na tigresa, a moça entra no cômodo e se encontra frente a frente com a Escritora. Ela é mais alta do que imaginava e menos gorda do que haviam lhe dito. Não tem nada das feiticeiras dos filmes antigos, vestidas com cores berrantes e sempre maquiadas em excesso. O nome lhe cai como uma luva. Uma escritora de meia-idade, enérgica, protegida por um par de óculos um pouco fora de moda, mais próprios para um salão literário do que para o covil de uma vidente. Fala pouco ou nada, e a observa fixamente enquanto ela se apresenta. De resto, toda a consulta não exige muitas palavras. É a escrita que conta, e que revela tudo. A moça lhe entrega o papel que preparou em casa e que trouxe consigo. Com sua bela caligrafia, um pouco inclinada para cima, e com tinta azul, copiou o modelo que lhe foi dado. A haste do "m" se curva em um leve arabesco, o "q" repousa seu pé sobre um pequeno traço horizontal, o "a" escorrega impaciente para a frente. No verso da folha, escreveu uma lista com poucos nomes. São as pessoas que lhe importam, sobre as quais gostaria de saber algo. Permanecerão próximas? Serão sempre saudáveis? E seu namorado atual, é o certo, vai durar? Pequenas perguntas no grande mar da vida. À tigresa do destino, ela jamais teria feito tais perguntas. Mas a Escritora está ali para isso, e sua mãe insistiu tanto – ela, que acredita demais em videntes. A Escritora lê e relê, parece que não entende o que está escrito, de tão devagar que percorre as frases com os olhos. Mas entende, e como. Entende cada centímetro de tinta, cada tracinho. Em uma mão, segura o papel; na outra, empunha um lápis bem longo, com o qual começa a rabiscar círculos enrolados uns nos outros. A moça observa os garranchos, rápidos, desordenados. Não é uma caneta comum. É um daqueles lápis copiativos que se usavam antigamente, com mina azulada, indelével. Círculo após círculo, a folha já se tornou ilegível. A Escritora agora está imóvel, não precisa mais ler nem rabiscar. Fala em voz baixa, sem olhar diretamente para ela. Ou talvez a olhe, mas não a veja. Seu mundo é feito de tinta, de rabiscos e de papel quadriculado.

"Sim, você vai se casar, se é isso que quer saber."

"Sim, terá filhos."

"Mais de um?"

"Sim, vejo dois."

"Vejo também que seu marido tem duas pátrias."

"Quer dizer dois passaportes?"

A moça está surpresa. Seu namorado atual tem dupla nacionalidade. Hoje em dia é comum, as pessoas se movimentam, viajam, se misturam. Como é que a Escritora sabe disso? Com certeza ela se informou. Deve ter falado com sua mãe, que contou tudo. Já tinha percebido que seria uma armação. Nada de profecia – essa Escritora, com seus ares de intelectual, só quer enganá-la. Sua mãe gosta de seu namorado. Agora entendeu. Foi a mãe quem armou toda essa encenação para convencê-la a se casar com ele.

Depois de uma pausa, a Escritora volta a falar:

"Não, não quis dizer dois passaportes. É mais complexo. Os pais vêm de dois países diferentes. Mas seu marido tem uma só nacionalidade, a do lugar onde nasceu. Não são duas pátrias – não me expressei bem. A dupla origem diz respeito à mãe e ao pai dele."

A consulta terminou. A Escritora a despede com um sorriso de cortesia. A mãe fica na sala ao lado, para pagar. Prefiro minha tigresa silenciosa, pensa a moça. Mas está aliviada. Não foi uma armação para fazê-la casar. Seu namorado tem dois passaportes, portanto não é ele o marido que o destino reserva a ela. Quem é que vai confiar? Uma coisa é certa: não gostou da Escritora. Provavelmente, de tanto rabisco e garatuja, só tem a cabeça confusa e faz profecias aleatórias. Já escureceu. A mãe está de bom humor e não para de conversar. Melhor assim, que o destino fique onde está, sob o olhar suave da tigresa.

A moça se tornou mulher. O apaixonado daquela época está longe, esquecido há tempos. Se vai ter filhos? Talvez – primeiro depende do trabalho, me diz. Aliás, me dizem ela e o companheiro, bonitos, sorridentes e cheios de confiança na vida. Ele não tem duas nacionalidades. Apenas dois pais de países diferentes. Sim, claro, gosta de viajar, de estar em outros lugares. Mas uma pátria só lhe basta. Ambos riem.

Devo avisar o leitor que, nesse relato, há um detalhe inventado. O fato de a Escritora se esforçar para fazer rabiscos no papel foi algo que imaginei. Quando me contou sua história, a moça não me disse nada a esse respeito. A ideia de um pedacinho de papel todo preenchido surgiu de minha cabeça, e a anotei de imediato, prometendo depois verificar com minha informante. Passadas algumas semanas, recebi a confirmação. Aconteceu exatamente assim, não restou nem um pedacinho de papel livre. Todas as palavras, escritas com uma bela caligrafia, estavam quase ilegíveis, tamanha a pressa com que foram cobertas. Enfim, inventei, mas depois conferi e me saí bem. Por que isso é importante? E por que eu *sabia* que deveria ter sido assim? Como já aprendemos, existe uma regra na adivinhação que se repete sempre. As coisas certas devem se tornar incertas. O que é claro deve se confundir. O que é ordenado deve ser desarrumado, tornando-se inatingível.

Essa desintegração é essencial; caso contrário, não é possível que o adivinho perceba algo. Por esse motivo, estava certo de que a bela caligrafia de minha querida moça havia desaparecido sob uma pilha de rabiscos. Quanto mais os garranchos avançavam e ameaçavam as letras, até anulá-las, mais facilmente a Escritora conseguia ler o que aconteceria. Em Bucareste, e em qualquer lugar onde tenha aparecido ou viva agora, a Escritora apaga o que é legível para decifrar o não lido, o não percebido.

Refração divinatória

Existe uma diferença entre previsão e acontecimento. Circunstâncias, protagonistas, detalhes da premonição aparecem "desviados" no momento de sua realização fática. Dou a esse fenômeno o nome de *refração divinatória*. Assim como uma onda se refrata ao passar de um meio para outro, também a visão de um evento futuro é refratada nos acontecimentos. Todos sabemos o que acontece com uma colher dentro de um copo cheio de líquido: o cabo nos parece torto, por causa do coeficiente diferente de refração da água e do ar. Mas qual é o meio que muda entre a adivinhação e a realização? Acredito que seja o coeficiente emotivo que se altera. Entre o momento da premonição e o da concretização, mudam os estados psíquicos, as circunstâncias factuais, o envolvimento das pessoas. O resultado dessas mudanças é semelhante ao aparente entortar da colher. Quando uma premonição se realiza, muitas vezes conseguimos "encaixar" circunstâncias que nos haviam parecido absurdas ou insignificantes. Outras vezes, porém, previsões nítidas e ordenadas se transformam em acontecimentos estranhos, enigmáticos, zombeteiros. Angústias "simples" se tornam monstros de mil cabeças. Sonhamos com um amigo em dificuldade e acabamos diante de uma empresa inteira em crise. Pensávamos que precisaríamos quitar uma dívida pequena, e descobrimos que ela existe, sim, mas é muito mais alta. Em casos assim, algo foi de fato previsto, mas com detalhes fora de prumo, destoantes, deslocados. Por que esses elementos *errados* e a sensação de desconforto que nasce deles? A colher é uma só, mas parece torta, e não há como vê-la reta, a não ser retirando-a do copo. Assim, a refração divinatória nos desorienta, e só conseguimos entendê-la – se é que a entendemos – depois que tudo já aconteceu. O mestre das premonições é um tipo zombeteiro, brincalhão. Diverte-se entortando nossas colheres de chá. Mostra-nos dois sapatos um dentro do outro, apenas para que encontremos uma caixa pequena enfiada dentro de uma maior, como na história apresentada a seguir. E se quiserem encontrar alguém que realmente entenda de refrações divinatórias, leiam o capítulo "Malvasia", dedicado a Shakespeare. Ali encontrarão uma premonição magistralmente desenvolvida, e também magistralmente incongruente em relação ao seu desfecho. Só um artista supremo poderia imaginar de forma tão consciente um mal-entendido simbólico como esse – e é justamente por isso que o episódio tem todos os traços de uma verdadeira adivinhação.

Eudemo volta para casa

Diríamos que Xenofonte mente ou está fora de si? E Aristóteles, homem de inteligência excepcional, e eu diria quase divina, se engana ou quer enganar os outros quando narra o episódio que relatarei a seguir? Eudemo de Chipre, seu íntimo amigo, durante uma viagem à Macedônia, chegou a Feras, cidade da Tessália, muito renomada na época, mas oprimida pela feroz tirania de Alexandre. Nessa cidade, Eudemo adoeceu tão gravemente que todos os médicos se desesperaram buscando sua salvação. Apareceu-lhe em sonho um jovem de aparência belíssima, que lhe disse que em breve ele se curaria, que dentro de poucos dias o tirano Alexandre morreria e que ele, Eudemo, voltaria para sua pátria após cinco anos. Aristóteles escreve que os primeiros eventos aconteceram imediatamente: Eudemo se curou e o tirano foi morto pelos irmãos de sua esposa. No fim do quinto ano, então, quando aquele sonho dava a Eudemo a esperança de que voltaria a Chipre, na Sicília, ele caiu em combate sob as muralhas de Siracusa. O sonho, portanto, foi interpretado no sentido de que a alma de Eudemo, libertada do corpo, havia retornado à sua verdadeira pátria.[1]

Um diálogo sobre a alma, para recordar um amigo após a morte. Do *Eudemo* de Aristóteles restaram apenas alguns fragmentos. E dentre eles se destaca o sonho, que provavelmente abria a obra e lhe conferia uma cor peculiar. Não é raro que Aristóteles fale de sonhos, que, aliás, eram um elemento fundamental do antigo mundo grego. Porém, é incomum que suas palavras tenham um tom tão pessoal, de testemunho sobre uma pessoa querida, cuja morte prematura deve tê-lo tocado profundamente. Da vida à filosofia, é o trajeto que se intui a partir do que nos chegou. A de Eudemo é uma premonição complexa, precisa, verídica; essa é a mensagem aristotélica. Em geral prudente, se não completamente cético, quanto à confiabilidade das previsões oníricas, Aristóteles aqui parece acreditar na misteriosa coincidência entre a visão e os acontecimentos biográficos de Eudemo, que evidentemente lhe havia contado pessoalmente o próprio sonho. Tudo se encaixa: a cura prognosticada ao belo jovem, a morte do tirano, os cinco anos de permanência longe da pátria.

---

1 Cícero, *Sobre a adivinhação* I, 53, em Id., *Della divinazione*, introdução, tradução e notas de S. Timpanaro, Milão, 1998, p.44-5, 273-4; cf. *Aristotelis fragmenta selecta*, reconhecidos e acompanhados de breve anotação por W. D. Ross, Oxford, 1955, p.16-23. Sobre as concepções aristotélicas a respeito do sonho, ver P. M. Hubby, The Paranormal in the Works of Aristotle and his Circle, *Apeiron*, 13 (1979), p.53-62. Sobre o *Eudemo*, cf. também K. Jażdżewska, Dio Chrysostom's Charidemus and Aristotle's Eudemus, *Greek, Roman, and Byzantine Studies*, 55 (2015), p.679-87.

Tudo, exceto o fato conclusivo, o mais importante. Eudemo não volta à pátria, mas cai em combate sob as muralhas de Siracusa. Uma previsão errada, zombeteira em sua falsidade? Eis o filósofo – e que filósofo! – lidando com a refração divinatória. Aristóteles não se dá por vencido. Deve haver outra maneira de ler a mensagem do misterioso vidente que apareceu a Eudemo, em meio à febre da doença. Não é também o *Fédon* platônico um diálogo sobre a morte de um amigo? Qual é a verdadeira pátria de Eudemo? Nós não sabemos, e olhamos para a ilha de Chipre, onde ele nasceu. Mas o belo jovem conhece a verdade, a antecipa e a indica também para nós. Não uma rocha no mar nem a mais luminosa ilha deste mundo. A pátria do amigo, a pátria comum, o destino já indicado no *Fédon*, o fim último, adivinhado além da morte, é o lugar sem lugar, o tempo além do tempo. A alma de Eudemo, libertada do corpo, voltou à sua verdadeira pátria. Querem compreender Aristóteles? Perguntem sobre um sonho errado, sobre uma premonição falsa.

A mulher e o jardineiro

Maria Madalena se levanta quando ainda é noite, na manhã de domingo. Não há ninguém na estrada, mas ela sabe bem para onde ir. *No lugar onde Jesus foi crucificado havia um jardim, e no jardim um sepulcro novo, no qual ninguém ainda fora posto* (Jo 19, 41). A mulher segue decidida para o *túmulo novo,* onde, antes de começar o sábado, o corpo de Jesus foi colocado. Basta-lhe um olhar para entender que a sepultura foi aberta. Ela vê a pedra removida e corre para dar a notícia a Simão Pedro e *ao outro discípulo que Jesus amava.* No início do episódio do *jardim,* narrado com incomparável intensidade pelo evangelista João, Maria Madalena é uma sentinela que vai à frente, dá o alarme, traz a má notícia: o corpo do mestre desapareceu. A mulher *corre,* ansiosa, ofegante. E os dois discípulos também correm, pois querem ver com os próprios olhos o que aconteceu. O discípulo amado chega primeiro, mas não ousa entrar no túmulo. Simão

Pedro, que o segue de perto, reúne toda a sua coragem e atravessa a entrada. O corpo não está mais lá. Ficaram no chão as faixas, enquanto *o sudário* foi *dobrado de um lado*. Nesse momento, os dois, evidentemente desanimados, *voltam para casa*. Mesmo que o sol já tenha nascido, ao redor de Maria Madalena cai uma solidão escura, sombria. De Jesus não lhe resta mais nada, nem mesmo um corpo para lamentar. As lágrimas, insistentes, contínuas, cobrem seu rosto como um véu. E são exatamente suas lágrimas, incontroláveis, que iniciam a metamorfose. Embora Madalena ainda não saiba, o lugar, o *jardim*, começa a se transformar ao seu redor. Ele se preenche de presenças. Ou melhor, essas presenças, antes invisíveis, agora se tornam acessíveis para ela. *Enquanto chorava, abaixou-se e olhou para dentro do túmulo*. Os discípulos encontraram apenas as faixas e o sudário. Ela não. Em virtude de uma emoção muito mais profunda e persistente do que a dos dois homens, consegue ver os anjos. São os segundos mais longos de toda a literatura ocidental. Talvez ainda não tenham terminado de fato. Estamos sempre envoltos pela mesma luz, imersos na incerteza, como naquela manhã de dois milênios atrás. Maria Madalena chora, silenciosamente. Nem mesmo os dois anjos, vestidos de branco e um pouco desdenhosos, conseguem afastá-la das lágrimas. *Mulher, por que choras?*, perguntam-lhe, embora já saibam a resposta. *Porque levaram meu Senhor, e não sei onde o puseram*. De repente, ela sente que está sendo observada. Maria Madalena se distrai de seus pensamentos e se vira. Atrás dela, a figura de um estranho. Ele está em pé, a observando, e repete a pergunta. Seu tom, porém, é diferente, profundo: *Mulher, por que choras? A quem procuras?* Não apenas *por quê*, mas também *quem*. O sofrimento de Madalena tem um nome, um rosto, um corpo. Mas ali, no túmulo vazio, não há mais nada, nada de nada. O homem tem uma aparência tranquilizadora. A pele tostada pelo sol, as vestes de trabalho. Ele está à vontade, entre as plantas e na tranquilidade do jardim. Maria acredita que seja o jardineiro. Ela tem uma ideia: *Senhor, se tu o tiraste, dize-me onde o puseste, e eu o levarei*. O homem a deixa falar, espera que ela recomece a chorar. Depois, de súbito, ele a chama: *Maria*. Entre o momento em que ela ouve seu nome ressoar e o momento em que se vira, passa um instante, ou talvez dois. Ou toda uma vida. Existe apenas uma pessoa que sabe pronunciar seu nome desse jeito. *Ela, voltando-se, lhe disse em hebraico: Raboni! (que quer dizer Mestre)*. Ela o reconheceu. Então, ele ainda está vivo, pensa Madalena, seu mestre está diante dela, a observa e fala com ela. Por que não tocá-lo, não abraçá-lo, para sentir o calor e se certificar de que é realmente ele, tão vital e respeitável como sempre o conheceu? Jesus lhe avisa: *Não me detenhas; porque ainda não subi para meu Pai*. Não pode ser tocado nem detido. No entanto, foi ele quem brincou com afetuosa e enigmática ironia. Fez-se primeiro irreconhecível para depois se revelar, chamando-a carinhosamente pelo nome, para que soubesse e anunciasse o prodígio aos outros.

O que viu, Madalena, naquele jardim nas imediações de Jerusalém? Antes disso, o que ela procurava? Sabemos de sua preocupação. O corpo, ao menos este, eis o que a mulher desesperadamente quer, sem encontrá-lo. Na visão joanina, essa inacessibilidade é perfeitamente compreensível. Jesus não é mais corpo. Não porque alguém tenha roubado seu cadáver. Ele não é mais corpo porque se cumpriu a Escritura, segundo a qual ele *deveria ressuscitar dos mortos*. Mas Madalena chega à conscientização do que aconteceu gradualmente. Poderíamos chamá-la de uma adivinhação refratada, complexa, obscurecida. Ela não entende, faz repetidamente a pergunta errada, se confunde, não consegue decifrar os sinais que lhe são apresentados. Quando vê o desconhecido, não o reconhece, e implora a ele para ajudá-la a recuperar os restos mortais do mestre. Até a gestualidade de Madalena tem traços divinatórios, mas expressa uma adivinhação obscurecida, velada pelo equívoco. Ela se *inclina* para o túmulo. Depois se *vira* uma primeira vez. Então, ao ouvir a voz do mestre, se *vira* novamente em direção a ele. A descrição do evangelista pareceria aqui incongruente. Se tomada literalmente, Madalena se vira duas vezes, e, portanto, deveria estar, no fim, novamente de costas para Jesus. Mas é evidente que a dimensão espacial foi alterada. O jardim não é mais um lugar deste mundo, e Jesus não está mais ali, corporalmente. *Kēpos* é, neste episódio, o nome grego do jardim. A mesma palavra aparece também na versão grega do Cântico dos cânticos, por exemplo, no desejo pela voz do amado: *Tu, que habitas nos jardins [en kēpois], os companheiros escutam a tua voz; fá-la, pois, ouvir para mim* (Ct 8, 13).[1] Assim como a

1 Cf. M. S. Sherwin, Jesus as the Garden Dweller, *Homiletic and Pastoral Review*, 108 (2008), p.50-3. Uma análise perspicaz de todo o episódio é oferecida por W. Strenger, *Strukturale Beobachtungen zum Neuen Testament*, Leiden, 1990, p.202-42.

esposa do Cântico, Madalena busca, no jardim do túmulo, seu esposo místico. Mas a ela é proibido alcançá-lo com a mão, tocá-lo, abraçá-lo. Essa incorporeidade é a adivinhação à qual ela é chamada. Uma adivinhação impossível para ela, e que de fato lhe é revelada por Jesus, com um anúncio que passa, inesperadamente, para a primeira pessoa do singular: *Vai ter com os meus irmãos e dize-lhes: Subo para meu Pai e vosso Pai, para meu Deus e vosso Deus*. O jardim pode agora ficar vazio. Como foi ordenado a ela, a mulher abandona o recinto misterioso, para levar aos irmãos a boa-nova. O tempo, que havia permanecido suspenso durante todo o episódio, pode retomar seu curso. Madalena o carrega consigo, o novo tempo, pelo qual chorou, se confundiu, procurou, ouviu.[2]

---

2 Uma parte deste texto sobre Maria Madalena e o "jardineiro" foi publicada, com variantes, no caderno dominical do *Sole 24 Ore*, em 22 de dezembro de 2019.

Malvasia

Parecia-me ter escapado da Torre e embarcado para passar à Borgonha, e comigo estava meu irmão Gloucester, que me havia puxado da minha cabine para caminhar no convés. De lá, olhávamos para a Inglaterra e relembrávamos mil momentos dolorosos que nos tinham acontecido durante as guerras de York e Lancaster. Enquanto caminhávamos sobre o frágil tablado do convés, parecia que Gloucester tropeçava e, ao cair, me empurrava — eu tentava segurá-lo — para além do parapeito, nas ondas turbulentas do oceano. Senhor, Senhor! Que sofrimento, parecia que eu estava me afogando! Que tremendo estrondo das águas nos meus ouvidos! Que horríveis visões de morte nos meus olhos! Parecia ver milhares de destroços assustadores, milhares de homens que os peixes devoravam, lingotes de ouro, grandes âncoras, montes de pérolas, pedras inestimáveis, joias sem preço, todos espalhados no fundo do mar. Alguns jaziam dentro dos crânios dos mortos; e nas cavidades que antes eram ocupadas pelos olhos, haviam se insinuado, quase em zombaria aos olhos, gemas reluzentes, que cortejavam o fundo lamacento do abismo e zombavam dos ossos

> mortos espalhados ao redor [...] Parecia atravessar o melancólico rio, com aquele sombrio barqueiro de quem falam os poetas, rumo ao reino da noite perpétua. O primeiro a saudar ali minha alma estrangeira foi meu grande sogro, o famoso Warwick, que em voz alta dizia: "Que castigo pode esta negra monarquia dar ao pérfido Clarence, o perjuro?". E assim desaparecia. Então, errando, aproximava-se uma sombra parecida com um anjo, com esplêndidos cabelos embebidos em sangue; e essa figura gritava em alta voz: "Clarence chegou, o infiel, o inconstante, o perjuro Clarence, que me apunhalou no campo perto de Tewksbury! Agarrem-no, fúrias, arrastem-no ao tormento!". Naquele momento, parecia que uma legião de demônios imundos me cercava, e uivava em meus ouvidos gritos tão horríveis, que do barulho intenso acordei tremendo, e por muito tempo não consegui me convencer de que não estava no inferno, tão terrível foi a impressão que meu sonho me causou.[1]

O teatro de Shakespeare vive de sonhos. Morte, medo, amor, o sonho shakespeariano marca o ritmo da ação, antecipa-o, completa-o. Quase sempre, as visões oníricas estão impregnadas de aflição. Elas preveem os eventos, é verdade, mas seu passo é o da desgraça, do fim. De todos os sonhos premonitórios, o de Clarence, no primeiro ato de *Ricardo III*, é o que melhor investiga o mistério da premonição. Shakespeare nos faz cair junto com o protagonista, nos puxa para baixo, nos empurra entre as ondas, em pânico e opressão. A ambientação realista não falta em nada. Sentimos sob os pés *o frágil tablado do convés*, olhamos com

1 W. Shakespeare, *Riccardo III*, I, 4, in Id., *Tutte le opere*, org. de M. Praz, Florença, 1964, p.114-5.

nostalgia em direção à Inglaterra, revivemos o passado, conversando como se fosse com um irmão. Toda a cena, pintada em cada detalhe, não passa de um estratagema mortal para nos perder. *Senhor, Senhor! Que sofrimento, parecia que eu estava me afogando! Que tremendo estrondo das águas nos meus ouvidos!* Terror e sonho se ligam de forma inextricável. É uma dimensão distorcida, incontrolável, expressa com aquele "parecia" – *methought,* em inglês – que retorna seis vezes, com ritmo hipnótico. No primeiro "parecia", somos sugados para a visão junto com Clarence. No segundo, encontramos, no convés, seu irmão, o duque de Gloucester. No terceiro "parecia", sufocados pela água e pelo terror, finalmente conseguimos nos libertar do abraço mortal. Nós, salvos, livres para voltar a ser simples espectadores da ruína. Ele, Clarence, em queda incontrolável entre *destroços assustadores, milhares* de cadáveres devorados pelos peixes, *joias* e gemas raríssimas incrustadas nos crânios. Mas ainda não basta. Sob o mar, além da morte, lá está o *melancólico rio,* com o barqueiro fatal. É o inferno de Virgílio e de Dante, mas também é um lugar biográfico, montado especialmente para a danação de Clarence. É um espaço pavimentado com suas culpas, adornado com seus crimes, decorado com a punição eterna que o aguarda. O sexto e último "parecia" ecoa na escuridão infernal, com uivos de gritos horríveis. Cercado por demônios, Clarence acorda em pânico. Ele está vivo? E se sim, por quanto tempo ainda?

Marcado por um ritmo sombrio e martelante, o sonho de Clarence não poderia ser mais eloquente. Um halo de morte tomou conta do personagem, e a nossa — a dele — espera diz respeito apenas ao quando. Em que momento ele será alcançado pela ruína, e por mão de quem? Digamos a verdade: depois de seguir passo a passo o sonho, temos certeza de saber como vai terminar. Clarence será jogado ao mar, dado aos peixes, lançado ao inferno que ele mereceu. Para um poeta de menor perspicácia, um desfecho assim certamente bastaria. Mas Shakespeare conhece os mistérios do sonho, ele os experimentou, se orienta em seu emaranhado como se fosse em uma cidade familiar. A grandeza da premonição shakespeariana está em seu descompasso. Só em uma má ficção o evento previsto coincide exatamente com a visão antecipadora. Na dimensão misteriosa e fugidia da vida cotidiana sempre há uma diferença, uma pirueta semântica, um mal-entendido que impede a identidade total. Shakespeare não tem nenhuma intenção de nos apresentar uma imitação medíocre da realidade. A sua é uma ficção perfeita, mais verdadeira que o verdadeiro, e obedece às leis profundas da alma. O pesadelo de Clarence se realiza, sim, mas com um desvio surpreendente, cruel, sarcástico. Quando os dois assassinos, enviados para eliminá-lo, aparecem diante dele, Clarence retoma sua frieza. Usa toda a sua eloquência para convencê-los a desistir do assassinato. Ele é razoável, preciso, apaixonado em seus argumentos. Por um momento, parece abalá-los, mas é uma ilusão.

> Segundo sicário: *Olhai atrás de vós, meu senhor!*
> Primeiro sicário: *Recebei esta, e esta!* [Esfaqueia-o]
> *E se isso não bastar, irei afogar-vos no barril de malvasia ali dentro.*

Não o mar, misterioso e insondável, mas um vulgar barril de vinho. Uma morte realmente pouco heroica, essa reservada a Clarence. O barril já havia aparecido quando os assassinos chegaram. Ou melhor, foram eles que o avistaram em um canto e tiveram a ideia logo em seguida: "Dá-lhe um golpe na cabeça com a empunhadura da tua espada", sussurraram um para o outro, "e depois lança-o no barril de malvasia na câmara ao lado". Feito isso, a execução brutal assume um tom que nos parece grotesco. O que Shakespeare inventou, e por quê? Poderia parecer que ele criou o barril, visto que esse detalhe parece feito de propósito para surpreender e desconcertar. No entanto, ao consultarmos os relatos sobre a morte de Jorge Plantageneta, primeiro duque de Clarence, percebemos que essa cena memorável de *Ricardo III* segue a realidade histórica. As fontes relatam que Clarence foi eliminado, em 18 de fevereiro de 1478, a mando de seu irmão, Henrique IV, que o acusava de traição. A execução aconteceu na Torre de Londres, por afogamento em um barril.[2] Um procedimento não raro na época, que tinha a vantagem de preservar o cadáver de mutilações. No caso de uma personalidade de tão alto grau, podia-se fazer crer que a morte tivesse ocorrido por causas naturais, sem o escândalo que uma decapitação, por exemplo, teria provocado. Shakespeare, portanto, se baseou nas crônicas da época e seguiu a história quanto ao fatídico barril. Contudo, ele se deu a liberdade de antecipar a morte de Clarence com uma premonição

---

2 J. W. Spargo, Clarence in the Malmsey-Butt, *Modern Language Notes*, 51/3 (1936), p.166-73.

complexa, dramática e grandiosa, que, por um lado, insinua o afogamento, mas, por outro, leva o espectador a um erro, fazendo-o prever falsamente que o fim do protagonista será no mar.

A sequência usual, que sigo também neste meu livro, vai da premonição para o evento real, da adivinhação para o fato. Aqui, no entanto, no primeiro ato de *Ricardo III*, Shakespeare parte do fato registrado nos anais, e transmitido em sua mesquinhez desconcertante, e modela sobre ele a premonição, produzindo um notável deslizamento semântico. O sonho de Clarence não é apenas uma peça de virtuosismo literário. É, antes de tudo, uma prova de intuição simbólica. Shakespeare demonstra conhecer os mecanismos mais ocultos da adivinhação. Ele está ciente do que eu chamei de *refração divinatória*. A queda do navio, a vertigem das profundezas, a ameaça de um tormento infernal: Clarence intui sua morte iminente, mas sem, no entanto, se aproximar, em detalhes, do que realmente acontecerá. Ele vai se afogar, mas não no mar. Ele morrerá, mas não entre destroços e crânios. Se estivéssemos diante de uma adivinhação "normal", diríamos que o presságio foi vago, equívoco. Shakespeare construiu essa ambiguidade em sua mesa, ele a quis artisticamente, ele a intuiu emocionalmente. Se me permitem, ele *a adivinhou*. Quando vemos diante de nossos olhos a cena do assassinato, com a menção ao afogamento no barril, somos forçados a voltar com a mente ao sonho. A discrepância da situação nos surpreende e nos confunde. É verdade, Clarence viu sua morte, mas não *dessa forma*. Esse "*não dessa forma*", essa imperfeição proposital, é a mensagem secreta que Shakespeare confia ao pobre Clarence, o duque da Inglaterra afogado no Malvasia.

A DERROTA AUSTRÍACA EM CAPORETTO

Sonho da batalha no Tagliamento: uma planície, o rio na verdade não aparece, muitos se aglomeram, excitados, prontos, conforme a situação, a correr para a frente ou para trás. Diante de nós há um planalto, cuja extremidade se vê claramente, ora desprovida, ora coberta por altos arbustos. No planalto, e além dele, combatem os austríacos. Todos estão tensos. Como isso vai terminar? De tempos em tempos avistam-se, evidentemente por distração, arbustos isolados em uma encosta escura, atrás dos quais atiram um ou dois italianos. Mas isso é insignificante, embora já corramos um pouco. Depois, a planície retorna. Os austríacos correm ao longo da extremidade desguarnecida, param de repente atrás dos arbustos, recomeçam a correr. Está claro que as coisas vão mal, e nem se compreende como poderiam ir bem, nem como seria possível, sendo apenas homens, sobrepujar outros homens que têm vontade de se defender. Grande desespero: será necessária uma fuga geral.

Então aparece um major prussiano que, aliás, durante todo o tempo, havia observado a batalha junto conosco. Agora, porém, ao

> entrar calmamente no espaço que ficou vazio, torna-se uma nova aparição. Leva à boca dois dedos de cada mão e assobia, como se assobia a um cachorro, mas com afeto. O sinal é para seu destacamento, que aguardava ali perto e agora entra em marcha. É a guarda prussiana: jovens silenciosos, não muitos, talvez apenas uma companhia, todos parecem oficiais – ao menos carregam longas espadas, e os uniformes são escuros. Agora, enquanto marcham diante de nós com passos curtos, lentos, cerrados, e de vez em quando nos lançam um olhar, a naturalidade daquela marcha rumo à morte é ao mesmo tempo comovente, nobre e prenúncio de vitória. Aliviado pela intervenção desses homens, desperto.[1]

Em 24 de outubro de 1917, os austríacos atacam. De surpresa, com força, com uma estratégia nova e arriscada. Os italianos recuam, cedem terreno, estão em retirada. Os jornais do Império Austro-Húngaro se enchem de notícias otimistas. É uma virada na guerra, talvez uma passagem decisiva. Veneza não está tão longe assim, alcançá-la significaria uma conquista simbólica, o retorno do domínio austríaco sobre a velha rainha dos mares. Franz Kafka é um súdito fiel do Império e leitor assíduo dos jornais. O *Prager Tagblatt*, o mais importante diário de Praga, não deixa dúvidas sobre quem está vencendo e quem, ao contrário, recua. *Verfolgung westlich des Tagliamento, Perseguição a oeste do Tagliamento*, é a manchete de letras garrafais no dia 7 de novembro. Os italianos cederam na linha do rio, e os soldados austríacos os perseguem de perto. "Nossas operações a oeste do

1 F. Kafka, *Diários*, org. de H.-G. Koch, M. Müller e M. Pasley, Frankfurt a.M., 2002, p.843-4, 10 nov. 1917.

Tagliamento e nas Dolomitas avançam com sucesso", lê-se no subtítulo. Três dias depois, em 10 de novembro, Kafka anota em seu diário um sonho. É uma crônica onírica, que leva o título eloquente de "Sonho da batalha no Tagliamento". E é o relato de uma derrota. Ou, pelo menos, de uma retirada geral precipitada do exército austríaco. Franz não está com o fuzil nas mãos, embora fique claro que o destino das tropas do Império lhe é caro. Acompanha com apreensão os avanços e recuos. Os italianos disparam tiros isolados sob a proteção dos arbustos. Não são esses poucos tiros que preocupam. Parece que o problema é, antes, o moral. *Está claro que as coisas vão mal, e nem se compreende como poderiam ir bem, nem como seria possível, sendo apenas homens, sobrepujar outros homens que têm vontade de se defender. Grande desespero: será necessária uma fuga geral.* "Nossas operações avançam com sucesso", garante o jornal. *Está claro que as coisas vão mal,* sonha Kafka. Só a intervenção de um imperturbável major prussiano e de seus homens, que marcham para a morte, serve para tranquilizar o sonhador e lhe permite despertar. Uma coisa, porém, é certa: sozinhas, as forças austríacas jamais conseguirão vencer os italianos. Naquele fatídico início de novembro, o sonho de Kafka está completamente fora de tempo.[2] No entanto, se movermos a data exatamente para um ano à frente, e deslizarmos até novembro de 1918, sonho e realidade voltam a se alinhar. Tarde demais?

---

2 "O sonho é anacrônico", escreve a esse respeito o organizador em F. Kafka, *I sogni*, org. de G. Giudice, Palermo 1990, p.108, n.1.

Marcel Proust não se matou

Ele me fez sinal de que queria ficar sozinho.

Saí. Mas estava tão impressionada com a mudança que havia ocorrido nele que comecei a me sentir terrivelmente inquieta.

Em vez de voltar para a cozinha ou para o quarto, fiz a mesma coisa que já havia feito anteriormente, no boulevard Haussmann, quando ele ficara dois dias sem dar sinal de vida. Voltei ao corredor entre seu quarto e o banheiro, evitando fazer o menor ruído, e me pus de prontidão, prendendo a respiração, não atrás de uma porta interna, como disseram – jamais me permitiria isso –, mas bem atrás da porta que se abria junto à sua cama.

Devia ser por volta das oito da manhã.

A situação se repetiu com uma precisão quase inacreditável. Eu já estava ali havia um bom tempo, imóvel e tensa, quando Monsieur Proust tocou a campainha. Como da outra vez, dei a volta em silêncio, para não levantar suspeitas, e apareci em seu quarto pela porta do salão. Assim que entrei, vi seu olhar perscrutador.

"Céleste, o que faz atrás da porta?"

"Mas, Monsieur, eu não estava atrás da porta."

"Céleste, Céleste, não minta."

"Sim, Monsieur, é verdade, eu estava lá. Tive medo de que o senhor precisasse de algo. Só queria ficar mais perto, para ter certeza de que correria ao menor chamado."

Ele não respondeu, mas disse:

"Por favor, não apague minha luz."

"Monsieur, sabe bem que eu nunca tomaria a iniciativa de acender ou apagar sua luz. É o senhor quem decide."

"Não apague, Céleste... No quarto há uma mulher gorda, vestida de preto, horrível... Quero enxergar bem."

"Espere um pouco, Monsieur, não se preocupe. Já vou mandá-la embora, essa mulherzinha. Ela o assusta?"

E ele:

"Sim, um pouco, mas não se deve tocar."

Ao longo dos anos, ele me falara muitas vezes sobre a morte, mas nunca sob a aparência daquela mulher horrível que dizia ter vindo visitá-lo e persegui-lo, especialmente no aniversário da morte de sua mãe – que besteira, digo eu, que invenção estranha! Antes disso, todas as vezes que aludira à morte, fora para me dizer que não tinha medo de morrer.[1]

Em 18 de novembro de 1922, ao leito de morte de Marcel Proust, está a fiel empregada Céleste Albaret. Foi a ela que o escritor descreveu, poucos dias antes, sua última visão – uma figura monstruosa, do tipo que não se esperaria encontrar na atmosfera rarefeita de *Em busca do tempo perdido*. "Que besteira!",

1 C. Albaret, *Monsieur Proust*, recordações recolhidas por G. Belmont, Paris, 1973, p.424-5.

exclama a sensata Céleste, diante da mulher de preto, grande e corpulenta, ameaçadora, horrenda (*grosse femme en noir, horrible*), que Proust diz ter visto. Mais uma de suas invenções, pensa a governanta, uma aparição vinda do mundo intermediário onde Monsieur habita, um mundo que já não é sonho, mas ainda não é realidade.

Quem é, afinal, essa mulher monstruosa que se infiltrou no quarto do escritor, em seu refúgio mais íntimo? Proust, que sofreu o primeiro ataque de asma aos nove anos, convive desde sempre com o pensamento da morte. Ele o explorou, o contornou, o descreveu. E fez piada disso, com leve ironia. No pastiche dedicado aos irmãos Goncourt, publicado no *Figaro* em 1908, chegou até a imaginar o próprio suicídio: "Marcel Proust teria se matado após o colapso das ações diamantíferas, colapso que afetara parte de seu patrimônio", assim diz o texto, no qual Proust começa zombando de si mesmo e ridicularizando o grande mundo intelectual parisiense. Pena que, algumas linhas depois, a notícia seja logo desmentida, para frustração do "falso" Goncourt, que já saboreava um anedotário picante a ser aproveitado como fonte de inspiração literária. Tudo assume a forma de uma suposta anotação do diário do próprio Goncourt – redigido, naturalmente, por Proust –, que aqui brinca de esconde-esconde com a vida e com a morte, e não por acaso se compara a "um ilusionista, nem tão hábil assim".

Acordo da minha sesta das quatro com o pressentimento de uma má notícia; sonhei que o dente que me causou tanto sofrimento

> quando Cruet o extraiu há cinco anos tinha recomeçado a crescer. Logo entra Pélagie com uma notícia trazida por Lucien Daudet, notícia que não me havia contado para não perturbar meu pesadelo: Marcel Proust não se suicidou, Lemoine não inventou nada, nada mesmo, trata-se apenas de um ilusionista, nem tão hábil, uma espécie de Robert Houdin aleijado. Eis nosso infortúnio! Era a primeira vez que a vida de hoje, mesquinha e acomodada, se fazia artística, e nos oferecia de repente um tema teatral![2]

Alguns anos mais tarde, quando sua condição de saúde se torna cada vez mais precária, Proust anuncia a data de sua própria morte "verdadeira". Ele o faz por escrito, em uma carta dirigida ao amigo Walter Berry. Mais uma vez, o tom é leve, mas ficamos estupefatos diante dos "três anos" que o escritor se concede. É junho de 1919: "Três anos, mais três anos [...] mas daqui a três anos será que não comerei os dentes-de-leão pela raiz, como diz o povo para falar dos mortos?".[3]

---

2 M. Proust, *Pastiches*, edição de G. Merlino, Veneza, 1991, p.88-91. A primeira edição em volume de *Pastiches et mélanges*, Paris, 1919, contém uma dedicatória afetuosa: "A Monsieur Walter Berry, advogado e homem de letras, que, desde o primeiro dia da guerra, diante da América ainda indecisa, defendeu, com uma energia e um talento incomparáveis, a causa da França, e a conquistou. Seu amigo, Marcel Proust". Como já mencionado, o pastiche havia aparecido pela primeira vez no suplemento literário do *Figaro* em 22 de fevereiro de 1908.

3 A frase é tão exata e premonitória que Berry a cita, da carta que lhe enviara o amigo, já em sua homenagem, publicada logo após a morte de Proust: "'Três anos, apenas mais três anos!', reclamava ele apaixonadamente, 'mas dentro de três anos não estarei eu, como diz o povo ao falar dos mortos, comendo dentes-de-leão pela raiz?'" (W. Berry, Du côté des Guermantes, in: *Hommage*

Em novembro de 1922, os três anos se passaram, a mulher de preto chegou. Ela é gigantesca, monstruosa. O que fez crescer tanto essa hóspede tão indesejada? Acho que a resposta está contida, como tudo, no imenso oceano de *Em busca do tempo perdido*. O alimento que deformou a dama de preto tem um nome fatal. Tempo, eis o que a *grosse femme* engoliu. Ela devorou o tempo, o absorveu até a última migalha, e por isso se tornou *horrible*:

> não teria deixado de descrever os homens, ainda que isso os tivesse feito parecer seres monstruosos, como ocupantes de um lugar tão considerável, ao lado daquele, tão estreito, reservado a eles no espaço, um lugar, ao contrário, prolongado em excesso, pois eles tocam simultaneamente, como gigantes imersos nos anos, épocas que viveram tão distantes umas das outras, entre as quais tantos dias vieram a se interpor – no tempo.[4]

Com essas palavras, Proust termina *O tempo recuperado*. A mulher monstruosa sabe muito bem o que significa engolir o tempo, se empanturrar até explodir. Ela sabe e não tem mais intenção de esperar. Que Monsieur venha agora, imediatamente.

à Marcel Proust 1871-1922, Paris, 1923, p.77-80). Cf. a edição da missiva em M. Proust, *Correspondance*, v.XVIII: 1919, edição de P. Kolb, Paris, 1990, p.263-4, n.122.

4 M. Proust, *Em busca do tempo perdido. O tempo redescoberto*, nova edição italiana editada por P. Pinto e G. Grasso, baseada no texto crítico estabelecido por J.-Y. Tadié, tradução, prefácio e posfácio de G. Grasso, Roma, 1990, p.289.

Um sapato dentro do outro

A inscrição "Sim" na tampa do cárter, o selim largo. A cor? Naturalmente vermelha. Francesca se orgulha de sua motoneta. A subida para casa não é tão íngreme, mas sem um par de pedaladas o "Sim" simplesmente não daria conta. Os amigos, que mexem o dia inteiro com as motos de verdade, zombam dela, por causa daquela bicicleta com motor, como eles chamam. Para ela, tudo bem assim, e na verdade os pedais lhe dão um senso de segurança. Exceto na vez que ela desceu demais na curva, tocou o asfalto com o pedal e tomou um belo de um tombo. Por sorte estava indo devagar e se saiu com um rasgo nos jeans e um joelho ralado. Francesca sempre vai devagar, esse é seu passo na vida. Enquanto levanta a porta da garagem, pensa na calma que a acompanha. Ela se concede todo o tempo que precisa, essa é a verdade, ou pelo menos é o que parece quando se gosta de si mesma. Porém, há dias em que fica furiosa consigo mesma. Com todo o tempo que leva para se decidir, dava para viver duas vidas e meia. Acelerar, fazer as coisas, parar de procrastinar – escreve o plano em um pedaço de papel, decora de memória, aumenta e amplia até a noite. No dia seguinte já esqueceu. Rasga o pedaço de papel, tira meio dia de folga e volta ao seu ritmo natural. "O que não acontece, convém" – o provérbio preferido de sua avó lhe vem frequentemente à cabeça. Francesca aprendeu que cada oportunidade perdida tem um significado, um segredo, uma razão. E que a cadeia de eventos tem elos largos, alongados, inexplicavelmente entrelaçados. Levanta a porta da garagem sem esforço. Alguém deve tê-la lubrificado, porque ontem estava quase impossível movê-la. Francesca coloca a motoneta ao lado do carro do pai. Apaga a luz, começa a subir as escadas. No segundo degrau, tem o impulso de voltar atrás. Esqueceu um par de sapatos na garagem. Ali, certamente, não podem ficar. É um espaço comum e não se deve deixar as coisas pessoais espalhadas. E alguém certamente os pegaria se ficassem a noite toda ao lado da motoneta. Francesca os vê diante de seus olhos, de camurça, vermelhos também, um dentro do outro. Ela para, perplexa, diante do "Sim". Os sapatos não estão lá. Ela não os trouxe consigo quando chegou. Agora que pensa bem, nunca teve sapatos desse tipo. O que a fez descer? E mais, um dentro do outro? Deveriam ser de tamanhos diferentes para se encaixarem assim. Ela não comprou os sapatos vermelhos, não os esqueceu na garagem, não os colocou um dentro do outro. Agora Francesca já subiu. O tempo de um banho e está na hora do jantar, na bela sala confortável, com as tapeçarias claras e, além da janela, o mar que lhe sorri.

No dia seguinte é seu aniversário. Um dia tranquilo, receberá a visita de uma amiga. Só isso, ela não tem vontade de sair. Ir para a balada? Na quinta-feira não tem nada, e também não precisa dançar para ser feliz. Mariangela chega um pouco antes das sete, para que tenham todo o tempo de cozinhar, conversar e, depois, talvez, caminhar uns passos à beira-mar. A amiga toca a campainha, Francesca desce para abri-la. Mariangela é seu exato oposto. Sempre com pressa, em constante movimento e agitação. Muitos garotos, uma infinidade de compromissos, trabalho voluntário, dois empregos. Mariangela é como uma lancha de contrabando, indo a toda a velocidade. Francesca é um veleiro, seguro, tranquilo, leal. Por isso elas se gostam, se atraem, se completam. Mariangela confia, Francesca se diverte, as horas juntas passam sempre em um piscar de olhos. Naturalmente, a amiga não sabe esperar nem desta vez. Enquanto ainda estão na garagem, ela lhe dá o presente, em uma linda embalagem laranja. E na garagem, ao lado da motoneta, Francesca abre o pacote. São duas caixas elegantes, de um vermelho vibrante, uma dentro da outra. A maior contém a menor, cobre, esconde. Francesca sorri, abraça a amiga. Aqui estão, os dois sapatos falsos, transformados em verdadeiras caixas. Tudo se encaixa: o local, a cor, a disposição. Até o detalhe surreal dos dois calçados enfiados inutilmente um dentro do outro tem uma explicação. Agora faz sentido por que ela voltou atrás, até a motoneta. Que tenha tido uma visão, uma premonição, por causa de um par de caixas coloridas a faz sorrir. E a consola. Mariangela é uma amiga verdadeira. Enquanto entram em casa, não para de contar-lhe encontros, choques, maravilhas, traições e amores. Muito mais que duas: para conter todas as peripécias de Mariangela seriam necessárias cem caixas, cada vez maiores, magicamente empilhadas, encaixadas, sobrepostas.

Uma premonição correta, a de Francesca. Ou melhor, errada. "Sonhei com um par de sapatos, me deram duas caixas de presente" poderia ser uma cantiga, de tão estranha a substituição entre o objeto real e o previsto. Francesca, rindo, me diz que agora entende como nasceram as lendas sobre demônios brincalhões. Que duendezinho inventou a troca entre os calçados vermelhos e o presente da amiga? Gostaria mesmo de conhecer esse sujeito pouco sério que zombou dela. Primeiro mostrou uma coisa, depois a substituiu por outra, afinal era só uma questão sem peso e sem importância. Ou melhor, ela recebeu o presente com grande alegria, mas tê-lo previsto não a abalou tanto assim. Intrigada, surpresa, isso sim. No entanto, entre os dois casos há uma evidente aura familiar. Sapatos que se empilham como caixas são certamente improváveis na realidade, mas a afinidade, o nexo simbólico entre as duas situações é fácil de intuir. Que *aquilo* correspondesse a *isto* ficou imediatamente claro para Francesca. E eu também percebi isso, enquanto ouvia o relato, sem precisar de muita elucubração. Pequena *divertissement* de diabinhos entediados, a troca dos sapatos por caixas é um esplêndido exemplo de refração divinatória – e ainda por cima cheia de humor. Mas quem é o brincalhão nessa história? Penso logo em um ato falho, embora, ao dizer a expressão, já vejo surgir a sombra austera e sábia do velho Freud, com sua *Psicopatologia da vida cotidiana* debaixo do braço. Que Freud pare por aí, pelo amor de Deus. Esse das caixas que foram sapatos pode até ser um ato falho. Mas um ato falho que se realiza? Um ato falho para guardar no armário, encher de objetos – quem já tinha visto isso antes?

UM DE TRÊS

Um dia límpido. Diria glorioso, se o adjetivo não soasse retórico, fora de meu registro habitual. Mas Veneza, no início de setembro, é exatamente assim. Gloriosa, opulenta em suas luzes, na lagoa cravejada de mármores. Deixo a melancolia para o outono. Hoje, desfruto o fulgor da cidade. A certa altura da tarde, de repente, minha serenidade desaparece. Estou a poucos passos de casa, no campo do Ghetto Nuovo, entre as vozes dos turistas, aqui mais comedidos e discretos do que em outros lugares. Basta andar trezentos metros e entrar na Strada Nuova para ser engolido pela multidão de rostos e pelo alvoroço dos gritos. Mas entre essas pedras, em "meu" cantinho de Cannaregio, por que esse mal-estar físico tão intenso? Repasso mentalmente o almoço. Nada em excesso, as coisas de sempre, não pode ser indigestão. Sento-me em um café, tento identificar melhor esse desconforto. De onde vem? Do íntimo, digo a mim mesmo. É uma sonolência insistente, um sentimento de opressão sem rosto, o pavor por alguma desgraça que não sei nomear. O garçom espera que eu peça alguma coisa. Ele me conhece, sabe que não sou um "forasteiro" tentando apenas aproveitar a mesa, mas o consumo é obrigatório também para mim. Um café não parece uma boa ideia, considerando o enjoo que sinto, mas também não saberia o que mais pedir. Na xícara há o logotipo de uma torrefação do interior, que só se encontra por aqui. Enquanto leio mecanicamente a inscrição, me vem à mente a solução. "Alguém está morrendo", digo a mim mesmo, "e é um de três." Não consigo tirar mais nada da minha premonição. Repenso a frase, reviro-a de todos os lados. O que quer dizer, afinal, "um de três"? Foi minha própria voz que sussurrou isso, ou a de outro? E por que tenho certeza de que é esta, a agonia distante de "um de três", a razão do meu mal-estar? De algum modo chego ao fim do dia, embora o sentimento de opressão não me abandone nem por um instante. Na manhã seguinte, preciso viajar. Estou animado, atarefado, e a angústia praticamente desapareceu. Chegando a Jerusalém, recebo um telefonema. Um parente próximo morreu durante a noite. Eu não sabia nada sobre sua doença. Nossos laços haviam se rompido há tempos. Um pequeno desentendimento, que resultou em um distanciamento do qual agora me arrependo. Era o mais novo de três irmãos. "Um de três", repito a mim mesmo ao desligar. Jerusalém é quente, escura, vital, atravessada por gritos excitados, cortada pelo som de sirenes.

Ao revisitar com a mente aquele dia em Veneza, percebo um detalhe ao qual, na época, não dei muita importância. Durante toda a tarde, enquanto lutava contra uma sensação opressiva de desgraça, esforcei-me para entender a quem se referia meu pressentimento. Procurava um rosto, um nome, uma voz. Mas não via nada. Nenhuma imagem, nem sequer um som que me pusesse na pista certa. Mesmo quando ficou claro para mim que se tratava de uma mensagem de morte, não soube a quem se referia. Ou melhor, a única pista que eu tinha, e que não me saía da cabeça, era a definição: "Um de três". Acredito que muitos já tenham sentido, pelo menos uma vez, esse tipo de desconforto. Um detalhe enigmático surge em nossa mente, enquanto o cerne da questão nos escapa, se afasta, se esconde. É como ver uma cena de esguelha, sem nunca conseguir focar o todo. Quando se está em um mar tão agitado, qualquer ajuda parece providencial. Eu me agarrava àquele "um de três" com a resignação de um náufrago, só para não afundar em meu mal-estar. Só agora, tantos anos depois, me pergunto por que as precognições parecem escritas por um editor travesso, que quer brincar de esconde-esconde conosco.

Por que minha intuição não me revelou o nome de quem estava para morrer, de quem talvez me chamasse, misteriosamente, durante a própria agonia? Não teria sido mais simples e, no fundo, mais leal? Por que escolher aquele caminho indireto, por que me propor, em vez de uma mensagem eloquente, um quebra-cabeça de difícil solução? No dia seguinte, quando recebi a notícia por telefone, minha mente percorreu, em um instante, todo o processo hermenêutico. Aquele "um de três", que me mantivera em suspenso por horas, tornou-se imediatamente claríssimo para mim. Tarde demais, porém, ao menos pensando agora. É o *topos* da profecia sibilina, tão vaga que só pode ser compreendida a posteriori. Encontramo-lo repetido infinitas vezes na mitologia clássica. Tanto a profecia que diz respeito ao rei Egeu quanto a de Narciso, que discuti anteriormente, preveem justamente esse *impasse* do conhecimento. Mais de um estudioso sustentou que, na Antiguidade, a resposta oracular era propositadamente formulada em termos imprecisos, de modo a permanecer indecifrável e prestar-se, *post eventum*, às mais diversas circunstâncias. Não quer errar uma previsão? Mantenha-se vago e, uma vez ocorrido o fato, parecerá que você acertou – ou ao menos é nisso que os ingênuos acreditarão. Um ceticismo assim pode ser justificável quando se analisam as grandes máquinas templárias greco-romanas, que produziam vaticínios públicos, muitas vezes de grande importância política. Quanto maior a aposta, mais verossímil o uso de técnicas que protegessem uma suposta infalibilidade das performances oraculares. Vale tudo para convencer e confundir os clientes em potencial. No íntimo de minha alma, porém, no plano absolutamente pessoal de minha premonição veneziana, por que meu eu adivinhador teria recorrido a um engano desse tipo? Por que até mesmo as precognições individuais, aquelas que envolvem apenas o sujeito que as experimenta, obedecem aos mesmos disfarces, às ambiguidades que afligem os vaticínios célebres? Quanto mais reflito, menos acredito na hipótese de autoengano. E também não penso que o "um de três" fosse uma falsa pista, um indício supérfluo, inútil. Pelo contrário, parece-me uma espécie de selo de verdade, que tira a premonição da obscuridade e a liga indissoluvelmente a um marcador semântico. É como se minha mente me oferecesse uma prova antecipada do que eu viveria, dos pensamentos que me assaltariam no momento em que aquela morte, antes pressentida, se tornasse para mim certa, biograficamente vivida e conhecida.

Vou tentar me explicar melhor. Quando recebi a ligação, o fato de ter morrido um dos três irmãos tornou-se para mim muito importante. O segundo irmão, o único que permanecia vivo naquele momento, era muito querido para mim. Aliás, foi justamente ele quem me deu a notícia. Por mais enigmático que fosse, em comparação a um nome – que teria tornado minha premonição imediatamente decifrável –, aquele "um de três" não era um detalhe insignificante. Para ser mais exato, funcionou mal como aviso prévio, mas teve, depois, em minha vivência concreta, um papel relevante.

Em vez de partir de minha premonição, partamos da ligação, em que o irmão do meio me informou, com a voz embargada, da morte do caçula (o mais velho já tinha falecido havia algum tempo). Se decompusermos a cena e a projetarmos para trás, em direção ao dia anterior, "um de três" assume o valor de um fragmento importante da realidade. Em outras palavras, a premonição não pode ser explicada por si mesma; precisa, para ser compreendida, unir-se ao evento ao qual se refere, já que é este que a gera. A premonição não obedece a um critério de compreensibilidade por parte de quem é informado, antecipadamente, sobre o que lhe acontecerá. Pelo contrário, os detalhes emergem do evento realmente vivido, expressam sua coloração emotiva, permanecem presos à alma no momento em que as coisas acontecem e são experimentadas pelo sujeito. É a vivência que influencia o pressentimento, e não o contrário. As emoções e os vínculos mentais que me pareceram reviver depois de tê-los pressentido são, na verdade, a substância de meu pressentimento. Simplesmente – e sei bem como esse adjetivo soa ousado – simplesmente, aquilo que vivi em Jerusalém, a mensagem que "um de três" me comunicou sobre a morte de seu irmão mais novo, já estava registrado, depositado em algum lugar de minha alma, ao qual tive acesso – confusamente, sem imagens nem som, apenas *per aenigmate* – no dia anterior a tudo isso acontecer *de fato*. Durante anos, pensei que tivesse apenas sentido e compreendido *depois* aquilo que havia pressentido, de forma nebulosa, *antes*. Com tanta vida transcorrida desde então, acredito hoje, ao contrário, que uma lasca da ligação em Jerusalém, um fragmento emocional, tenha ricocheteado para trás e alcançado meu dia anterior. *Primeiro* vivi, e depois, *no dia anterior a esse "primeiro"*, pressenti. Tudo isso, e muito mais, está na distância – infinita, indizível, brevíssima – que separa Veneza de Jerusalém, o sonho da loucura, o hoje do nunca mais.

Troca de pessoa

À direita, os carros particulares; à esquerda, táxis e bondes. Letizia hesita por um instante, porque a fila no semáforo já está longa e ela está atrasada. Depois, prevalece o senso de disciplina, e ela entra na fila ordenadamente. Mexe no rádio, muda de estação, lança um olhar distraído para a vitrine da Coin. Três sinais vermelhos, e finalmente chega sua vez. Já passou o cruzamento quando vê Eleonora. Um pouco curvada, com uma sacola em cada mão, usando um casaco azul acinturado. Está de costas e caminha com seu típico passo apressado, apesar do peso. Enquanto a ultrapassa, Letizia olha ao redor, tentando decidir onde parar. Faz tempo que não se veem – Eleonora sumiu do mapa, ou talvez a culpa seja dela mesma; nos últimos tempos, se dedicou totalmente aos estudos para as provas e deixou de encontrar as amigas. Liga a seta no último instante e, naturalmente, recebe a habitual buzinada. Estaciona em frente a uma entrada de garagem – é só por um minuto, apenas o tempo de dizer um oi. Desce do carro, corre atrás de Eleonora, que já avançou uns dez metros. Toca-lhe o ombro. Quando a outra se vira, Letizia percebe que se enganou. Não é ela, embora se pareça muitíssimo. O mesmo cabelo, o mesmo nariz, até os lábios são parecidos. Só os olhos são diferentes. Os da desconhecida são pretos. Eleonora, ao contrário, é conhecida pelos olhos azul-acinzentados. Enquanto Letizia balbucia um pedido de desculpas, a mulher de casaco azul já retomou seu caminho. "Não foi nada, imagine", diz, e vai embora. Letizia volta para o carro e, ao sair, decide que à noite vai tentar ligar para Eleonora, contar esse mal-entendido engraçado e perguntar como ela está. Mas a noite passa em um piscar de olhos e ela se esquece da ligação. Ligo amanhã, pensa antes de adormecer. Contudo, amanhã é tarde demais. No meio da manhã, uma amiga em comum tenta contato duas vezes e, por fim, consegue falar com ela. "Sabe, parece que ela já não estava bem há algum tempo, mas não contou a ninguém. Eleonora morreu ontem à tarde. Também acabei de saber, quis te avisar logo. Se puder, vamos juntas ao funeral, na quinta." Letizia vai ao banheiro e se olha no espelho. As lágrimas caem em silêncio, uma após a outra, lentamente.

"Ela veio se despedir de nós", foi o que disse uma amiga, muitos anos atrás, ao comentar o sorriso – doce, súbito, inesperado – de uma pessoa em agonia da qual cuidávamos juntos. Levo essa frase e aquele sorriso no coração. Que possa existir uma despedida final, um adeus à distância, na forma de um pensamento, uma aparição, uma coincidência, é algo que me foi repetido várias vezes durante os encontros que deram origem a este livro. No sorriso do leito de morte há um mistério que não consigo penetrar. Ainda mais impenetrável é a aparição, ou melhor, o engano vivido por Letizia. Essa troca de pessoa, o *erro* cometido poucas horas antes da morte, ou talvez no exato momento em que ela ocorria, me parece uma espécie de "mensagem na garrafa", lançada ao mar do esquecimento. E se for mesmo uma mensagem, por que o equívoco? Como explicar a refração que atribui à jovem moribunda a fisionomia de outra, idêntica em tudo, exceto na cor dos olhos? Um sorriso, conseguimos entender e recordar. Uma troca de pessoa torna a mensagem da morte ainda mais enigmática, distante, dilacerante.

O TRANSPORTADOR DE BARRIS

A abóbada da adega é de tijolos aparentes. Semicolunas, também de tijolos, sobem dos lados, esguias, de bela proporção. Gérard não sente frio. Envolto por uma agradável sensação de calor, começa a inspecionar as paredes do local. Entre um tijolo e outro, nota frestas mais escuras. Quando se aproxima da parede para observá-las melhor, percebe que não são de argamassa nem de gesso, mas de madeira. Parece nogueira, como em uma biblioteca à moda antiga. Agora tem certeza: são mesmo molduras de uma estante, prontas para receber as prateleiras. Em um canto, ao longe, as estantes já estão montadas e os primeiros livros, desordenados, agora precisam ser colocados em pé e organizados por autor ou assunto. Alguns volumes se ajeitam rapidamente. Mas se fosse preciso preencher todo o espaço disponível, levaria muito tempo para dar conta, talvez meses ou até anos. As paredes se estendem até onde a vista alcança, as semicolunas se alinham até onde ele pode ver e, presumivelmente, continuam também na escuridão que cerca a zona central daquele imenso ambiente subterrâneo. "É melhor que eu fique aqui", pensa, "sob a luz da grande lanterna a óleo, porque pode ser que alguém venha e, não me encontrando, fique desapontado." Ergue o olhar para a lanterna, com seus vidros foscos. O pavio dá alguns solavancos – talvez o óleo esteja acabando e seja preciso reabastecer. Enquanto se move para procurar uma escada para subir até a lanterna, ouve alguém descendo do andar de cima. Abre-se uma escotilha de ferro que ele não havia notado antes, e um mecanismo invisível faz descer, lentamente e com muitos rangidos, uma rampa inclinada, que para bem diante de seus pés. Pela rampa avança um carrinho, empurrado por um sujeito alto, de ar jovial. Gérard o reconhece imediatamente, embora fique surpreso ao ver seu professor, normalmente tão comedido, usando uma vistosa camisa xadrez, com as mangas arregaçadas sobre os braços fortes. O professor parece entusiasmado e, enquanto avança, exalta o conteúdo do barril. Gérard nunca tinha visto um igual: alongado, com os cantos arredondados, parece uma bola de rúgbi, mas muito maior e com aduelas de madeira. É a mesma madeira envelhecida da estante, com veios em forma de raios e um aspecto sólido. O professor não para de falar. Segundo ele, o vinho é de qualidade superlativa, muito melhor que um Barolo de safra, apenas menos caro. Gérard não entende bem o nome da uva; parece-lhe uma palavra em dialeto, que o professor pronuncia com muita naturalidade, como se sempre tivesse discutido sobre vinhedos e colheitas. Gérard concorda com a cabeça mais para agradá-lo do que por outra razão. De vinho ele não entende nada, e, além disso, fica incomodado que a adega, recém-transformada em biblioteca, volte a hospedar barris – ainda que de feitio tão incomum. O professor deposita o barril no chão e consegue deixá-lo em equilíbrio, sem que role em direção à parte escura do local. "Isso também seria um desastre", pensa Gérard, "ele se perderia sem que ninguém jamais o encontrasse." Mal tem tempo de apertar-lhe a mão, e o estudioso de camisa arregaçada desaparece com seu carrinho vazio, fechando a escotilha atrás de si.

Na sexta-feira seguinte ao sonho, Gérard está no aeroporto. Vê-se que o Natal está próximo. As filas nos portões de embarque estão mais longas do que o habitual, mas os passageiros se alinham de bom humor. Estão voltando para casa, por uma ou duas semanas, longe de Berlim, do trabalho, das angústias. E longe do cinza do Norte – ou ao menos assim esperam. Sentado no portão, quem ele vê? O professor, desta vez em trajes de intelectual, com o laptop sobre os joelhos e o celular apoiado na cadeira ao lado. Não é a primeira vez que se encontram por acaso, sem terem combinado. Ambos viajam com frequência entre os dois países, e os voos, afinal, não são assim tantos. É uma ótima oportunidade para jogar conversa fora e, quem sabe, engatar alguma discussão cheia de nomes e citações cultas. Gérard tenta sempre causar boa impressão diante daquele que, além de mestre, é para ele um guia e um amigo. Um sentimento correspondido – essa amizade e estima. Até o mundo universitário, de tempos em tempos, tem suas ilhas acolhedoras e felizes. Uma vez embarcados, o professor, com sua costumeira lábia, consegue convencer uma gentil e resignada moça a ceder-lhe o assento. Assim, lado a lado, podem conversar o voo inteiro. À medida que a conversa se intensifica, o sonho do barril começa a aflorar na memória de Gérard. Vêm à sua mente os detalhes da adega, que agora vê sob nova perspectiva, embora precise manter a atenção nas palavras que fluem velozes e não consiga se concentrar apenas nas lembranças do sonho. Alguns detalhes, no entanto, se sobrepõem à situação vivida: os encostos das poltronas à sua frente e os muros da biblioteca subterrânea se cruzam, ou melhor, se sobrepõem sem se confundir. As poltronas são reais; a adega é tênue, um véu de luz, levíssimo. E o barril? Lá está ele, no meio do voo. Naturalmente, é um livro. Um volume totalmente novo, ainda por escrever, que será publicado por ambos. Gérard olha o outro nos olhos. Ele está mesmo propondo que o escrevam juntos, e até desenha no ar, com suas mãos nervosas, as duas partes: quem cuidará de qual aspecto. Não é um barril oval de pseudo-Barolo. E não tem nome em dialeto. É um livro que será publicado por uma grande editora, algo que para Gérard vale infinitamente mais do que qualquer quantidade de vinho refinado. Para ele, é uma grande oportunidade, e parece que o professor também está entusiasmado, de tanto que o exalta. Já estão aterrissando em Milão quando o capitão anuncia que o aeroporto de Malpensa acabou de ser fechado por causa da neve. O avião pousará em Verona e depois cada um terá de se virar como puder. Gérard quase não percebe a mudança repentina de destino, tão grande é a excitação pelo novo livro e pela mudança profunda em sua vida que poderá advir disso. Quem não vive de páginas escritas provavelmente não entenderá por que ele se agita tanto. Aliás, se dependesse dele, não se venderia nem uma gota de Barolo. Ainda bem que o barril do sonho se transformou em um livro – caso contrário, Gérard não saberia mesmo o que fazer com ele. No aeroporto de Verona, o professor se apressa em busca de um carro alugado. Gérard caminha vagarosamente até o ônibus que vai para a estação de trem. Tem todo o tempo do mundo; falta ainda uma semana para o Natal.

Se o barril se transforma em um livro, o que se torna a adega? A resposta é fácil. O espaço imenso do subterrâneo, que no sono intimida e preocupa Gérard, corresponde ao avião lotado de pessoas. Tão ampla é a adega quanto apertado é o avião, em virtude de um bizarro contrapasso. Só os dois protagonistas permanecem os mesmos, ainda que a transformação do professor em carregador constitua uma bela revanche onírica sobre a realidade. Para Gérard, logo pareceu que o sonho continha um anúncio pessoal, dirigido a ele. Mas um anúncio de quem? Seria bom poder encontrá-lo, um dia, o titereiro dos sonhos, aquele que nos faz agir como marionetes em vista de um propósito superior. Ou talvez não, pensando bem: eu preferiria nunca saber o nome desse personagem obscuro, que puxa os fios de meus sonhos. Se os professores viram tanoeiros, talvez isso queira dizer que vamos provar o vinho deles, sem fazer muitas perguntas.

As cem portas do destino

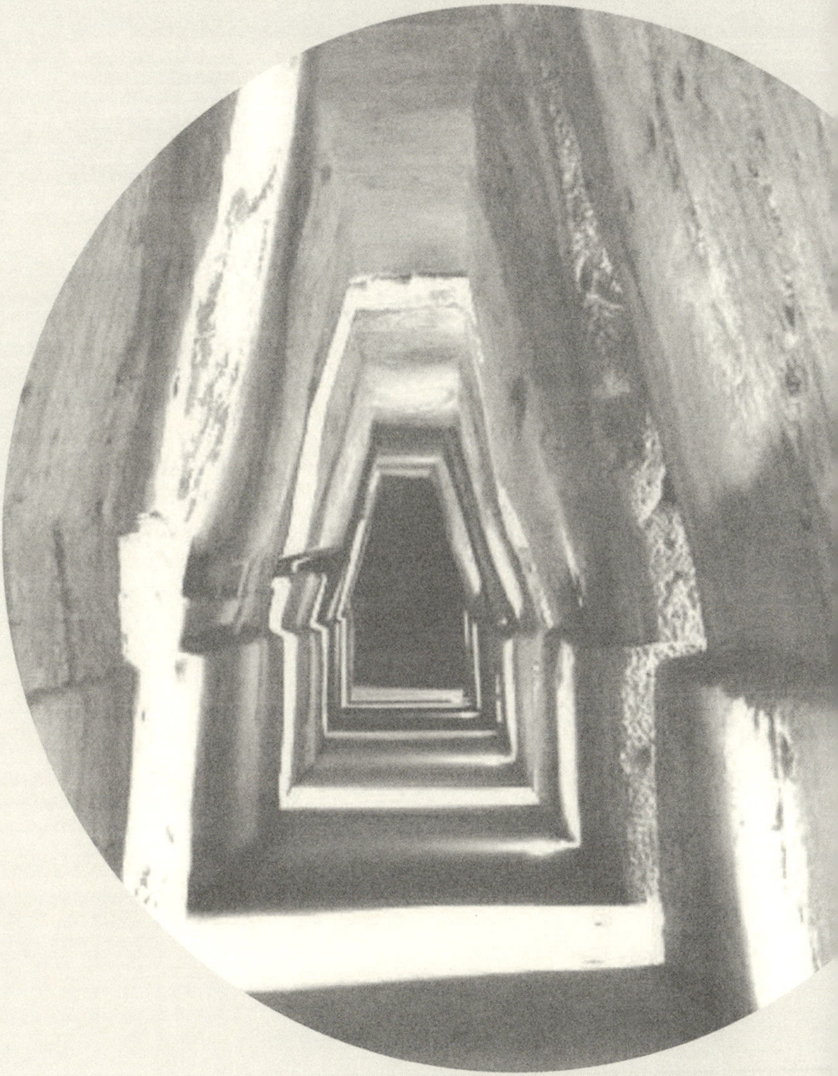

Um teatro, onde a cena está sempre sendo representada. Um antigo templo, impregnado pela fumaça dos sacrifícios. Mais de um porão, alguns imensos e inexplorados, outros abarrotados e bem conhecidos. Mas também uma velha casa colonial, um cruzamento congestionado pelo trânsito, um quarto em Paris, o parque infantil de uma vila na montanha, um café ao ar livre em Veneza. São apenas alguns dos lugares atravessados por este volume. É um catálogo heterogêneo, que reúne espaços metafóricos, como o teatro da alma, locais reais e outros apenas sonhados. Que a adivinhação pode ocorrer em âmbitos específicos, destinados a esse fim, já sabemos desde a mais remota Antiguidade. Nossa viagem não começou talvez em Delfos, onde o rei Egeu chega para saber se poderá gerar um filho? Vimos o soberano permanecer embaraçado, de pé, diante da deusa Têmis, enquanto aguarda com temor a resposta. Na Grécia clássica, monarcas e notáveis dirigiam seus passos à sede da profetisa délfica, certos de que ali, no recinto sagrado, o destino não lhes seria negado. A prosperidade deste e de outros templos célebres se baseava, portanto, em uma "institucionalização" do vínculo entre espaço geográfico e presença oracular. São os casos em que, segundo a tradição, o futuro decide onde se revelar, em quais circunstâncias e por meio de quem. Em outras ocasiões, extraídas do cotidiano ou encenadas em textos literários, pareceu-me ao contrário que o lugar da premonição foi escolhido ao acaso, como um cenário montado de última hora pelo capricho dos acontecimentos. Mas estamos realmente certos dessa casualidade? Se voltarmos aos processos mentais, às circunstâncias que precedem e preparam a premonição, percebemos o quanto o *contexto* em que ela emerge é importante. É fundamental como se *entra* no espaço divinatório, por quais *caminhos*, através de quais *portas*. É como se devêssemos encontrar uma entrada escondida, oculta na parede. A porta existe, está ali desde sempre e está ali para nós. O problema é identificá-la, talvez tateando às cegas. E, uma vez encontrada, o desafio é abri-la e atravessá-la. O muro que a esconde é o de nossas experiências sensoriais, repleto de compromissos, interações, sensações, obrigações. Lembram-se do anúncio sobre o atraso do trem, que pouco a pouco se transformou em uma sequência de letras e números aparentemente sem sentido? A razão de semelhantes exercícios de *obscurecimento* é sempre a mesma. São maneiras de tentar encontrar a entrada oculta, de sair da vida comum, cheia de sentido mas pobre em tempo, e insinuar-se em outro território, pobre em sentido mas saturado de tempos, que se cruzam e se sobrepõem.

A propósito do Grande Teatro da Alma, veio-me espontaneamente, ao escrever, a imagem de uma rajada de vento que, de repente, abre uma pequena porta íntima, de modo que possamos assistir ao espetáculo de nossos destinos futuros. Mas nem sempre o vento da interioridade sopra dócil, ou na direção certa. Com muita frequência, o acesso à câmara secreta permanece vedado a nós. A porta escondida é impossível de encontrar, por mais esforços que façamos para localizá-la. Dessa impossibilidade, ou inacessibilidade, nos fala o mito, e nos dá conta a arte. Onde estão as portas do destino? A quem é concedido atravessá-las?

O antro da Sibila de Cumas, no sexto livro da *Eneida*, é uma estrutura imensa e imensamente ambígua. Tudo é pensado para incutir temor, para confundir, para sobrepujar o humano com a força insubjugável do divino. A Sibila gostaria de resistir a Apolo e, no entanto, no fim, deve se curvar à vontade do deus. Suas predições ocorrem no subsolo. Mulher-lugar, a profetisa se identifica com a gruta da revelação, até se confundir com ela e formar uma unidade com suas paredes invioláveis.

> O imenso flanco da rocha euboica se abre em um antro,
> ao qual conduzem cem amplas passagens, cem portas;
> dali irrompem outras tantas vozes, os responsos da Sibila.
> [...]
> E já as cem grandes portas da morada se abrem
> espontaneamente, e levam ao ar os responsos da vidente.[1]

---

1 Virgílio, *Eneida*, tradução de L. Canali, introdução de E. Paratore, Milão, 1985, VI, vv. 42-44, 81-82, p.200-3 (1.ed. 1978-1983): "*Excisum Euboicae*

Haveria uma sabedoria oculta por trás desses versos da *Eneida*? Poderiam as *cem portas* de Cumas talvez nos ensinar algo, conduzir-nos à adivinhação por um caminho ainda não trilhado? Se prestarmos atenção nas imagens, percebemos que essas misteriosas aberturas têm um estatuto ambíguo. Parecem escancarar-se e oferecer uma passagem, mas é uma impressão enganosa. "As cem grandes portas da morada se abrem espontaneamente", escreve Virgílio – *sponte sua*, em latim. Nenhum mortal conseguiria abri-las. Somente quando a profetisa emite o oráculo, apenas no momento em que o destino está pronto para ser ouvido, as aberturas se alargam para deixar passar a voz profética. São portas herméticas, que obedecem a uma vontade oculta. Cem portas são muitas. Será possível que não se consiga forçar nem mesmo uma? A mensagem mítica, reelaborada por Virgílio, é inequívoca. Às vezes, o fado revela seu segredo. Mas não porque nós

---

latus ingens rupis in antrum,/ quo lati ducunt aditus centum, ostia centum,/ unde ruunt totidem voces, responsa Sibyllae [...] *Ostia iamque domus patuere ingentia centum/ sponte sua vatisque ferunt responsa per auras*". Sobre o valor ambíguo das aberturas do antro cumano (*aditus centum, ostia centum*), que ao mesmo tempo dão acesso e o obstruem, já escreve o gramático Sérvio no seu comentário à *Eneida*: "*non sine causa et aditus dixit et ostia: nam Vitruvius qui de architectonica scripsit, ostium dicit per quod ab aliquo arcemur ingressu, ab obstando dictum, aditum ab adeundo, per quem ingredimur*" (Servii grammatici qui feruntur in Vergilii Carmina Commentarii, recensuerunt G. Thilo et H. Hagen, v.II: Aeneidos librorum vi-xii, commentarii recensuit G. Thilo, Leipzig, 1884, p.12, ad v. 43); cf. P. Vergilius Maro, *Aeneis Buch VI,* edição crítica de E. Norden, 3.ed., Stuttgart-Leipzig, 1929, p.134-5; R. C. Monti, The Identification of Vergil's Cave of the Cumaean Sibyl in "Aeneid" 6, *Vergilius*, 40 (1994), p.19-34.

o desejamos. A manifestação do destino tem duas direções, exatamente como as portas se abrem para os dois lados do antro. De um lado, os acessos estão bloqueados. Do outro, qualquer movimento é possível. A voz que revela o futuro provém do espaço inacessível, da escuridão primordial onde paira o divino, e é inaudível até o instante em que as *cem grandes portas* se abrem por si mesmas e a tornam audível. Fechados por fora, os batentes do destino são dóceis e prontos, se for o deus, por dentro, a acioná-los.

Em comparação com a grandiosa máquina simbólica da *Eneida*, o acesso estreito que conduz à premonição interior parece discreto, sóbrio. Nossa época desiludida talvez precise se aproximar do destino de maneira simples, sem grandes pretensões? E mais: será que podemos abrir sozinhos esses fragmentos de premonição, desvelando, *por nossa parte*, o recinto dos pressentimentos e das visões?

Comecei seguindo um olhar. Perscrutei os olhos da deusa Têmis, ela própria absorta, fixa na bacia do presságio. Têmis vê no reflexo da água, e eu vejo seu rosto, que vê. Além da água lustral, à frente do olhar da deusa, abrem-se as cem portas do destino. Seus gonzos são pesados, o metal que as protege é escurecido, cinzelado com desenhos desconhecidos.

UMA LEMBRANÇA E MUITOS AGRADECIMENTOS

Quando eu estava finalizando este livro, a neve da morte pousou sobre Patrizia, após uma doença rápida e impiedosa. Patrizia Pozzi, que durante anos foi minha excelente colega na Universidade de Milão, enfrentou a última prova com a mesma coragem doce que a acompanhou por toda a sua existência como professora, filha e mãe. Gosto de pensar que, além da porta que ela atravessou tão cedo, a esperava uma luz cálida, meridional, a sua luz.

Adivinhar o mundo jamais teria nascido sem a inteligência e a paciência de Alessia Graziano, que evocou os adivinhos do seu sono e os acompanhou passo a passo. A ela dedico minha gratidão. Luigi Attademo, músico refinado, desempenhou então seu papel, nada pequeno, ao pôr em movimento esses sonhadores do futuro, e assim acrescentou mais uma dívida às muitas que já nutro por ele.

Mais uma vez, Silvana foi para mim conselheira, crítica, confidente. Muitas ideias são dela, como, aliás, são dela muitos de meus pensamentos. Ou talvez todos.

Raphael e Laura reconfortaram e revigoraram mais de um adivinho que havia se extraviado, recolocando-o no caminho e mostrando-lhe a direção.

As histórias de premonições, sonhos e encontros que preenchem estas páginas me foram presenteadas por muitos amigos e, ainda mais, por amigas maravilhosas. Pressentir é encontrar. Não se adivinha sozinho, assim como não se vive sozinho. Por discrição, mudei nomes e lugares. Mas minha gratidão, esta não muda.

SOBRE O LIVRO

Formato: 14 x 21 cm
Mancha: 24,6 x 38,4 paicas
Tipologia: Adobe Jenson Regular 13/17
Papel: Off-white 80 g/m² (miolo)
Cartão Triplex 250 g/m² (capa)
1ª edição Editora Unesp: 2025

EQUIPE DE REALIZAÇÃO

Edição de texto
Marcelo Porto (Copidesque)
Carmen T. S. Costa (Revisão)

Capa
Marcelo Girard

Imagem de capa
Elaborate iron lock in a trunk. Library at
Merton College, Oxford, UK
Wikimedia Commons
© Jorge Royan /
http://www.royan.com.ar / CC BY-SA 3.0

Editoração eletrônica
Eduardo Seiji Seki

Assistente de produção
Erick Abreu

Assistência editorial
Alberto Bononi
Gabriel Joppert

Rettec artes gráficas e editora

Rua Xavier Curado, 388 • Ipiranga - SP • 04210 100
Tel.: (11) 2063 7000 • Fax: (11) 2061 8709
rettec@rettec.com.br • www.rettec.com.br